第二版

インターンシップ
―キャリア形成に資する就業体験―

古閑博美 編著

学文社

はしがき

　「インターンシップ」は人口に膾炙（かいしゃ）するようになり，初等教育から高等教育機関までキャリア教育の一環として導入されることになった。日本は少子高齢化社会を形成し，労働の質，量，形，意味が注目される。年齢や職業経験に応じて職業観や勤労観を涵養し，社会で支障なく働くための手掛かりや能力を身につけることが期待されている。

　インターンシップは，「社会・人間・仕事・環境」を総合的にみる機会であり，制度を活用し「生きた学習」を習得したい。現役職業（組織）人の「生の声」を聞き，刻々と変化する「ひと・もの・こと」への現実的で臨機応変の対応能力を試す機会は，それを求める人にしか与えられない。インターンシップは，自分がどこまで仕事ができるか，仕事と向き合う力はどれほどあるか，などを見直したり厳しく評価されたりする機会となる。

　本書は，第1部　理論編，第2部　実践編とし，キャリア教育としてのインターンシップに関心や理解を深めていただけるよう構成した。第1部は，「1. キャリア教育とインターンシップ」「2. 企業からみたインターンシップ」「3. 体験と気づきのインターンシップ」「4. インターンシップの学びをどのように活かすか」「5. フランスのインターンシップ制度」「6. メンタルヘルス支援の必要性」から成り，第2部は職能に資する知識や技能，マナーなどを中心に述べた。付録も活用していただきたい。

　社会では，国際化・情報化に対応できる高度な知識や技能を持つ人材育成が要請されているほか，地球規模の観点に立ち努力を惜しまない献身的な人材が求められている。仕事は，マニュアルに頼っているだけでは満足な成果は期待できない。仕事には，よいものを作りたい，顧客に満足を与えたい，という熱意や真摯な気持ちが必ず反映される。そのため，若年時から挑戦心を持ってものごとと取り組んだり，達成感を得たりする体験が不可欠である。

　仕事は収入を得る手段であるほか，世のため人のために貢献する，自己成長が見込めるなど，仕事をとおして得るものははかり知れないほどある。古来，人と仕事は切っても切れない関係にある。卒業してから一人前になろうなど甘い考えである。成長期であり時間的な余裕のある学生時代にこそ，体力・知力・心力の強化，実務能力，コミュニケーション能力，問題を発見し仮説を立て解決や改善を図る能力，公けの視点を持つ態度の形成，語学力や機器操作のスキルアップをはかる，などに挑戦したい。働く力は生きる力となるであろう。

　人の一生は仕事を抜きにしては語れない。インターンシップの機会は国内外にある。目的を持って取り組み，仕事や人との出会いを自己の成長に役立てていただきたい。

　最後に，ご教示を賜ったみなさまと出版をお引き受けいただいた学文社および編集部長の稲葉由紀子氏に，執筆者一同，心よりお礼申し上げます。

　　2011年3月3日

緑園の寓居にて　古　閑　博　美

第二版　はしがき

このたび,『インターンシップ　キャリア教育としての就業体験』(2011年)の第二版を刊行する運びとなった。これも, 多くの読者のご支援の賜物と感謝いたします。

日進月歩というが, 学術の世界も例外ではない。あらゆる教育機関でキャリア教育が推進されるなか, インターンシップの導入と活用に大きな変化が生じている。

そこで, 第二版を刊行するにあたり, タイトルは『インターンシップ　キャリア形成に資する就業体験』とした。編者として, インターンシップは学生のみが体験するものではなくなるとの認識を反映させた。

官・産・学界でインターンシップが認知されるようになり, 現在その内容はキャリア形成の観点から高度かつ実践的なインターンシップが期待されつつある。また, 就職と結びつくインターンシップについても模索されるようになってきた。実学として, インターンシップは注目されているといえよう。

近年, 世界的に見てキャリア教育の重要性が増し, 高等教育機関に学籍のあるみなさんは, 3, 4年次になって初めて将来のキャリアについて考えるようでは遅すぎることになる。変化の激しい時代にいかに自己のキャリア形成をはかるかは, 個人のみならず国の将来にも少なからぬ影響を与える。キャリアやキャリア形成への関心は早ければ早いほど, 効果的な対策が可能となる。

本書の理論編には最新の情報を盛り込み, 実践編の職場の常識やマナー, スキル等は就職活動や就職後にも役立つよう具体的に解説した。空理空論ではない実践の学として日常的に取り組んでいただければ幸いである。社会人に求められるスキルとして, ヒューマンスキル(対人能力), テクニカルスキル(専門能力), コンセプチュアルスキル(概念化能力)等が挙げられるが, どのようなスキルであれ, その土台は情・知・意の総体である主体すなわちあなた自身にほかならない。キャリア教育は人間教育といっても過言ではなく, 人はその一生を通じて自分自身の道を模索し, 歩を進めていっている。生涯を通じてよりよい道を模索することで, よりよい世界につながる道が広がっていくのではないだろうか。企業等は熾烈な競争に鎬(しのぎ)を削っているが, それは決して非情な世界をのみ意味するものではない。インターンシップは, 世界や社会で自己の正当な主張を模索する企業等のありようを学び, 必要な知識や技能, 態度等を学ぶ機会となる。積極的な活用を願ってやまない。

最後に, 本書の完成に学文社社長田中千津子氏をはじめ編集部のみなさまにお世話になった。執筆者一同心よりお礼申し上げる。

2015年3月瑞雲棚引く日

緑園の寓居にて　古閑博美

目　次

第1部　理論編

1　キャリア教育とインターンシップ ――――――――――――――― 8
 1　知的大衆の増加と就業力　　　　　　　　　　　　　　8
 2　キャリア教育　　　　　　　　　　　　　　　　　　　9
 3　インターンシップ　　　　　　　　　　　　　　　　　11
 4　少子化時代のインターンシップ　　　　　　　　　　　16

2　企業からみたインターンシップ ―――――――――――――――― 21
 1　インターンシップと企業　　　　　　　　　　　　　　21
 2　インターンシップと採用　　　　　　　　　　　　　　26
 3　インターンシップへの企業の意識変化　　　　　　　　30

3　体験と気づきのインターンシップ ―――――――――――――――― 31
 1　大学におけるインターンシップの発展　　　　　　　　31
 2　大学におけるインターンシップの実際　　　　　　　　34
 3　インターンシップと主体的学習　　　　　　　　　　　37

4　インターンシップの学びをどのように活かすか
　　―メディア系企業での実践例を中心に― ――――――――――― 39
 1　インターンシップ参加の有効性　　　　　　　　　　　39
 2　インターンシップと「社会人基礎力」　　　　　　　　40
 3　インターンシップの実践例：メディア系企業を中心に　43
 4　インターンシップの学びをどのように活かすか　　　　47

5　フランスのインターンシップ制度 ――――――――――――――― 49
 1　企業における大学生のインターンシップ制度　　　　　49
 2　大学以外の学校のインターンシップ制度　　　　　　　54
 3　海外のインターンシップ制度　　　　　　　　　　　　55
 4　海外または外資系でのインターンシップで知っておくべきこと　58

6　メンタルヘルス支援の必要性
　　―インターンシップの成果をより高めるために― ―――――――― 63
 1　問題意識　　　　　　　　　　　　　　　　　　　　　63
 2　メンタルヘルスと年齢期　　　　　　　　　　　　　　65
 3　メンタルヘルスへの注目　　　　　　　　　　　　　　67
 4　大学生のメンタルヘルス不全　　　　　　　　　　　　68
 5　インターンシップとメンタルヘルス　　　　　　　　　69
 うつ病と向き合う　　　　　　　　　　　　　　　　　　72

目 次

第2部 実践編

インターンシップの前に　　78

1　キャリアと展望 …………………… 80
2　インターンシップ先の探し方 ……… 81
3　履歴書の書き方 …………………… 82
4　エントリーシートの書き方 ………… 83
5　好感を与える ……………………… 84
6　身だしなみ ………………………… 85
7　挨拶は自分から …………………… 86
8　便利な敬語 ………………………… 87
9　お辞儀のマナー …………………… 88
10　職場での態度 ……………………… 89
11　事前の準備と訪問 ………………… 90
12　出　勤 ……………………………… 91
13　職場の1日（業務時間と休憩時間）…… 92
14　遅刻・早退・欠勤 ………………… 93
15　離席や外出のさいの注意 ………… 94
16　退　社 ……………………………… 95
17　仕事に必要な5つの意識 ………… 96
18　PDCAサイクル …………………… 97
19　職場のルール ……………………… 98
20　指示の受け方 ……………………… 99
21　報告・連絡・相談・伝達・説明＋確認 … 100
22　受付・案内業務 …………………… 101
23　名刺の受け渡し …………………… 102
24　来客への応対：出迎えと見送り …… 103
25　席次のマナー ……………………… 104
26　茶菓のもてなし …………………… 105
27　失敗を減らす仕事のしかた ……… 106
28　失敗への対処 ……………………… 107
29　電話応対の基本 …………………… 108
30　電話のかけ方の基本 ……………… 109
31　電話の受け方の基本 ……………… 110
32　携帯電話のマナー ………………… 111
33　Eメールのマナー ………………… 112
34　ビジネス文書の取り扱い ………… 113
35　ビジネス文書の書き方：社内外・社交 ‥ 114
36　封筒やはがきの宛名書き ………… 116
37　日報や報告書の書き方 …………… 117
38　事後の振り返り …………………… 118
39　情報化社会のネット・マナー …… 119
40　人権環境 …………………………… 120
41　健康管理 …………………………… 121
42　ストレス（心理的負荷）による精神
　　障害の労災認定基準の策定 ……… 122

付録 ……………………………………………………………………………… 123

第1部　理 論 編

1　キャリア教育とインターンシップ

人材育成は，どこの国でもいつの時代でも社会の最重要課題である。現在，日本の人材育成の仕組みは大きな問題を抱えている。

バブル崩壊後に激化した就職難とニート（NEET; Not in Employment, Education or Training）やフリーターの問題，就職した学生と採用先企業等とのミスマッチによる早期離職者の増加の問題など，特に「学校教育と職業生活との接続」がうまくいかないことに起因する深刻な問題が発生している。

こうしたなか，「学校教育と職業生活との接続」の問題解決のための切り札とされ，近年，強力にその導入と普及が進められているのが，キャリア教育（Career Education）とインターンシップ（Internship）である。

1　知的大衆の増加と就業力

キャリア教育は，社会的・職業的自己実現を目指すうえで必要な知識や技能，価値観，態度，望ましい人格などを育成することを目的とした教育プログラムであり，伝統的な大学では正規の教育課程の枠外におかれていた。しかし，2010年2月に改正された大学設置基準では，学生に「就業力」をつけるためのキャリア教育が義務づけられ，キャリアガイダンスとして社会的・職業的自立に関する指導等を行うことになった。今日，キャリア教育は社会全体で取り組むべき重要課題とされるに至っている。

また，インターンシップに関しては，2007年には全国の大学の約70％が

> **NEET**　「就学，就労，職業訓練のいずれも行っていない若者」の略で，元々はイギリスの労働政策において出てきた用語。日本では「ニート」として独自に解釈されている。厚生労働省は，「15歳～34歳の非労働力人口のうち，通学・家事を行っていない者」と定義している。『労働経済白書（労働経済の分析）』（平成16年）で，「学籍はあるが，実際は学校に行っていない人」と「既婚者で家事をしていない人」が追加された。『厚生労働白書』（平成26年版）では，平成14年以降60万人台で推移し，平成23年は60万人となっている。
>
> **フリーター**　「15歳～34歳で，在学していない者のうち，以下の条件を満たす者　1.現在就業している者については，勤め先における呼称が『アルバイト・パート』である雇用者　2.現在無業の者については，家事も通学もしておらず『アルバイト・パート』の仕事を希望する者」のことで，就労形態を示す語（厚生労働省の定義）。

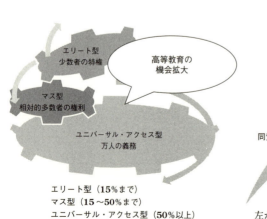

図1.1　トロウ・モデル（高等教育の機会〔該当年齢人口に占める大学在籍率〕）

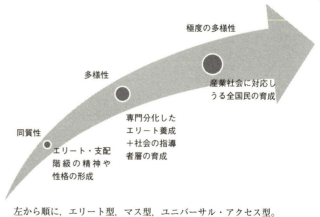

左から順に，エリート型，マス型，ユニバーサル・アクセス型。

図1.2　トロウ・モデルにみる大学等の主要な機能

図1.1～1.3喜多村を参照し，古閑作成

インターンシップを実施するなど，普及が急速に進んできている（中山［2009］）。

日本の大学は，少子化が進むなか，トロウ（TROW, Martin 1927～2007）がいうユニバーサル・アクセス型に移行しつつある。当然，教育機関の機能や目的に変化が生じる。ユニバーサル・アクセス型大学への移行は，高等教育の受益者の増加を意味しており，将来の高度な知的大衆の増加につながるものであり，それ自体としては肯定的に評価できる動きである。しかし他方で，大学，短期大学，高等専門学校等高等教育機関（以下，大学等）のユニバーサル化にともない，進学者の多様化が進み，学生の学力，社会常識や体力の低下等が問題となっている。

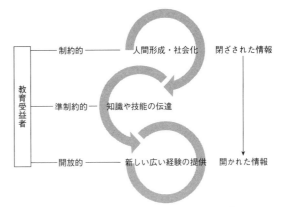

上からエリート型⇒マス型⇒ユニバーサル・アクセス型
図 1.3 トロウ・モデルにみる教育の目的

また，メンタルヘルス面で問題を抱える学生も増えている。こうしたなかで，ニート，フリーター，早期離職者の問題がますます深刻化する可能性があり，「学校教育と職業生活との接続」を図る役割を担うキャリア教育とインターンシップの重要性は今後ますます高まっていくと考えられる。

2　キャリア教育

アメリカでは，1970年代初頭からキャリア教育が推進され，連邦教育局の主導で幼稚園から大学まで，さらには成人を対象としている。吉田（1995）は，社会的背景として，①産業・職業の世界の量的・質的変動，②初等・中等教育の保守性，閉鎖性，非効率性の表面化，③その結果としての知識と労働，教育と職業，学校と社会の乖離の拡大，を指摘している。

2.1　キャリア教育とは

日本でも「学校教育と職業生活との接続」を図るための主たる教育プログラムとして，キャリア教育の導入が進められるようになった。「キャリア教育」という文言は，文部科学省高等教育審議会の答申「初等中等教育と高等教育との接続の改善について」（1999年〔平成11年〕12月）で初めて使用された。

> 学校と社会および学校間の円滑な接続を図るためのキャリア教育（望ましい職業観・勤労観および職業に関する知識や技能を身につけさせるとともに，自己の個性を理解し，主体的に進路を選択する能力・態度を育てる教育）を小学校段階から発達段階に応じて実施する必要がある。

キャリア教育は，小学校から高校まで導入され，その後，大学での導入が本格的に進みつつある。キャリア教育の定義は，次のとおりである。

「キャリア概念」に基づいて，「児童生徒一人一人のキャリア発達を支援し，それぞれにふさわしいキャリアを形成していくために必要な意欲・態度や能力を育てる教育」。端的には，「児童生徒一人一人の勤労観，職業観を育てる教育」（キャリア教育の推進に関する総合的調査研究協力者会議報告書〔平成16年1月28日〕）。

社会的・職業的自立に向け，必要な知識，技能，態度をはぐくむ教育。より詳しくは「一人ひとりのキャリア発達を支援し，それぞれにふさわしいキャリアを形成していくために必要な知識，技能，態度をはぐくむ教育」（中央教育審議会キャリア教育・職業教育特別部会「審議経過報告」平成21年7月）。

このうち高等教育においては，文部科学省大学審議会の答申「グローバル化時代に求められる高等教育の在り方について」（2000年〔平成12年〕）で，以下のように整理された。

学生が将来への目的意識を明確に持てるよう，職業観を涵養し，職業に関する知識・技能を身に付けさせ，自己の個性を理解した上で主体的に進路を選択できる能力・態度を育成する教育。

このように，キャリア教育は，「学校教育と職業生活との接続」のために，社会的・職業的自立に必要な知識，技能，態度をはぐくむ教育である。教育の目的として，常に社会に有為な人材を輩出することがあげられている。玉木（2004）は，「教育の本質が『社会化』であり，社会に必要な人材の供給という暗黙の要請が常に控えていること」，そして「今日，我々の社会は価値生産に対し高度な専門的知識および技術を要求するものとなっている（技術制）テクノクラシー」と指摘し，端的に「教育問題は雇用問題である」と述べている。

2.2 キャリア教育と職業教育の関係とキャリア教育導入の背景

キャリア教育の特徴は，キャリア教育以前に学校教育と職業生活との"円滑な接続"を目的として行われてきた職業教育と比較するとより明確なものとなる。

文部科学省のキャリア教育・職業教育特別部会は，従来型の職業教育とキャリア教育の違いについて，職業教育は「一定の又は特定の職業に従事するために必要な知識，技能，態度を育む教育」であるのに対して，キャリア教育は「社会的・職業的自立に向け，必要な知識，技能，態度を育む教育」（傍点筆者）と定義している。そして，職業教育はキャリア教育に含まれるものとしている。

このように，キャリア教育は，従来の職業教育を含みつつも，それよりも広い知識，技能，態度をはぐくむことを目的としている。従来の職業教育が将来特定の職業に従事することを前提に，そのために必要な知識，技能，態

テクノクラシー（technocracy）テクノクラートの管理による社会経済体制。
テクノクラート（technocrat）高度の科学的知識や専門的技術を持って社会組織の管理・運営に携わり，意思決定と行政的執行に権力を行使する技術官僚（広辞苑）。

度をはぐくむことを主な目的としているのに対し，キャリア教育は，従来の職業教育に加えて，職業教育の手前の教育，つまり将来どのような職業に従事するにせよ，経済的に自立して生活していくために必要とされる知識，技能，態度をはぐくむことを主な目的としているのである。

具体的には，働くこと自体に対する意欲，主体的に職業を選択できる能力，特定の職業・職種に限定しない等しく職業人として必要とされる一般的な社会能力をはぐくむことを目的としている。

では，「学校教育と職業生活との接続」のために，従来型の職業教育だけではなく，職業教育を含むキャリア教育が必要とされるようになったのはなぜであろうか。その背景には，1990年代後半以降のニートやフリーターの増加がある。このことは，若者の「働くこと自体からの逃避」によって引き起こされた面があることは否めない。そこで，「一定の又は特定の職業に従事するため」の教育に加えて，働くこと自体への意欲，主体的に職業を選択する能力，職業に就く就かないにかかわらず社会人に必要な社会常識やマナーを含む基礎的・汎用的能力をはぐくむことを目指すキャリア教育が必要とされるようになったといえる。

3　インターンシップ

「学校教育と職業生活との接続」をはかるための教育プログラムとして，キャリア教育と並んで導入が進められているのがインターンシップである。

日本の大学におけるインターンシップの本格的な導入は，いわゆる「就職氷河期」（1994〜2004）の1997年に始まる。この年，文部省・通商産業省・労働省の三省合同による『インターンシップの推進に当たっての基本的考え方』（1月24日）が公表され，そのなかで「高等教育における創造的な人材育成の一環」として，インターンシップのよりいっそうの推進をはかることが重点課題とされた。これを受け，文部省により『教育改革プログラム』が策定され，こうした政策的な後押しを受けて，日本の大学に急速にインターンシップが導入されていった。その結果，今日では1,000校を越える大学等に普及している*。

さらに，2010〔平成22〕年度の大学設置基準の改正において，大学における「職業指導：キャリアガイダンス」が義務化されたことを受けて，インターンシップの単位化を実施する大学等は今後ますます増える見込みである。

3.1　インターンシップの定義

インターンシップは，辞書には「名詞（主に米・カナダ）1. インターン（intern）の地位，研修医の身分，2. インターンの研修期間，3.（一般に）職業研修〔訓練〕計画，経営管理の訓練生の研修計画，4. 見習い〔研修生〕と

汎用的能力　一つのものを広く諸種の方面に用いることのできる能力。

＊「大学等における平成23年度のインターンシップ実施状況について」文部科学省報道発表　平成25年6月28日

図1.4
日本の行政機関
（2015年2月19日現在）

しての身分，5.（商売・職業での）一人前になるまでの研修〔見習い〕期間，下積み時代」（『小学館ランダムハウス英和大辞典第二版』）とある。

　日本では，インターンシップは主に辞書にいう"身分"と"期間"を指し，学生が在学中，企業等の支援を受けて就業体験を行うという意味で用いられる。

　現在，インターンシップの実施形態は極めて多様なものとなっている。初等・中等教育機関でも実施しているが，ここでは触れない。大学等で最も多い形態は，夏季休暇などを利用して1～2週間ほど実施するものである。ほかに，6ヵ月以上の長期にわたるインターンシップが導入される一方で，1日で実施する「ワンデーインターンシップ」があるなど，ますます多様化が進んでいる。そのため，これらの多様な実施形態をすべて含むような一般的な定義は難しいものとなっている。「インターンシップの推進に当たっての基本的考え方」（2014年〔平成26年〕4月8日一部改正）によると，大学等におけるインターンシップは，一般的には，学生が企業等において実習・研修的な就業体験をする制度のことであるが，インターンシップが活発に行われているアメリカにおいては，大学のイニシアチブの有無，実施期間，実施形態等によってインターンシップと称するかどうかを区別する場合もあるという。日本においてはインターンシップを幅広く捉えているといえよう。インターンシップの定義には以下のようなものがある。

　文部省，通商産業省，労働省
　　「学生が在学中に自らの専攻，将来のキャリアに関連した就業体験を行うこと（「インターンシップの推進に当たっての基本的考え方」1997年〔平成9年〕9月18日）

　仁平征次
　　「学生が在学中に，教育の一環として，企業等で，企業等の指導のもと，一定の期間行う就業体験およびその機会を与える制度」（古閑博美編著（2001）『インターンシップ　職業教育の理論と実践』学文社，10頁）

　古閑博美
　　「学生が在学中に，教育の一環として，企業等で一定の業務に従事し，職業人に必要な一般的・専門的な知識や能力を実践的に身につけるため就業体験を行うことおよびその機会を与える制度」（古閑博美編著（2011）『インターンシップ　キャリア教育としての就業体験』学文社，12頁）

　文部科学省，厚生労働省，経済産業省
　　「大学等におけるインターンシップ（以下，「インターンシップ」という。）は，大学等における学修と社会での経験を結びつけることで，学

生の大学等における学修の深化や新たな学習意欲の喚起につながるとともに，学生が自己の職業適性や将来設計について考える機会となり，主体的な職業選択や高い職業意識の育成が図られる有益な取組です。」
（2014年〔平成26年〕4月8日）

前掲資料は，インターンシップの教育界，産業界にとっての意義を次のように示している。項目以外筆者要約。

(1) 大学等及び学生にとっての意義

① キャリア教育・専門教育としての意義
キャリア教育・専門教育の一層の推進

② 教育内容・方法の改善・充実
学生の新たな学習意欲を喚起する契機となることも期待

③ 高い職業意識の育成
就職後の職場への適応力や定着率の向上

④ 自主性・独創性のある人材の育成
「社会人基礎力」「基礎的・汎用的能力」等を高め，自主的に考え行動できる人材と挑戦する意欲を持った人材の育成

(2) 企業等における意義

① 実践的な人材の育成
実社会への適応能力の高い人材

② 大学等の教育への産業界等のニーズの反映
大学等は産業界等と連携を図ることで新たな産業分野の動向を踏まえた産業界等のニーズを把握し，教育に反映

③ 企業等に対する理解の促進，魅力発信
学生が各企業等の業態，業種又は業務内容についての理解を深めることによる就業希望の促進，受入企業等における若手人材育成

インターンシップは教育界と産業界が情報の受発信を活発に行い，交流し合うことで相互理解を促進する機会や，学生が企業等の実態について理解を深める契機としても活用できよう。前掲資料は，特に中小企業やベンチャー企業等にとって意義が大きいことを指摘している。筆者が代表を務める「中小企業のインターンシップを考える会」でも同様に，中小企業の魅力発信としてインターンシップは有益であるとの仮説のもと研究を進めている。

近年の研究，そして学生以外にも機会が与えられるようになりつつある多様なインターンシップを視野に入れ，筆者はインターンシップを次のように定義するに至った。「キャリア形成に資する短・中・長期の就業体験」

3.2 キャリア教育としてのインターンシップ

これまでみてきたように，キャリア教育とインターンシップは，「学校教育と職業生活との接続」を図るための二つの主要な教育プログラムとして導入されてきた。しかし，現在では，両者は，独立した二つのプログラムとしてではなく，「学校教育と職業生活との接続」を実現するための一体化した不可分の教育プログラムとして設計・実施することが求められるという新しい段階に入ってきている。

たとえば，「平成 23 年度大学，短期大学および高等専門学校卒業・修了予定者に係る就職について（申合せ）」（平成 22 年 9 月 14 日　就職問題懇談会）には，次のように記されている（一部抜粋）。

　　3　その他の事項について
　　（1）　職業観や勤労観の涵養について
　　　学生個々人の個性や適性に応じた職業を学生自ら選択できる能力の育成や学習意欲を高めるため，学生の職業観や勤労観を涵養することは重要であり，大学等においては教育課程の実施や厚生補導を通じてキャリア教育やインターンシップを推進する（傍点筆者）。

キャリア教育は，学生がインターンシップに参加することを前提に設計することを求められており，また，インターンシップもキャリア教育の目標を実現するためのプログラムとしての役割，つまり「キャリア教育としてのインターンシップ」であることが期待されるようになってきているのである。

現場での実習や研修は，「生きた学習」として昔から重視されてきたが，研修医の例にみるように，従来の現場での実習は狭い意味での職業教育と結びついていた。そのため，初期のインターンシップの目的は，「一定の又は特定の職業に従事するために必要な知識，技能，態度」を現場で学ぶこととする傾向にあった。

それに対し，現在では，インターンシップはキャリア教育の不可欠な一部と位置づけることが求められている。その結果，従来の現場での実習や研修よりも広い目的，つまりは働くことに対する意欲，主体的な職業選択能力，職種・業種にかかわらず社会人としての基礎的・汎用的能力を養成する，という役割を果たすことが期待されるようになってきている。

3.3 インターンシップに求められる能力

インターンシップでは，基礎的・汎用的能力が問題となる。こうした能力について，文部科学省は「学士力」，経済産業省は「社会人基礎力」，厚生労働省は「若年者就職基礎能力」を提唱している。

たとえば，「学士力」の主な内容は，① 知識・理解（文化，社会，自然等），② 汎用的技能（コミュニケーションスキル，数量的スキル，問題解決能力等），

③ 態度・志向性（自己管理力，チームワーク，倫理観，社会的責任等），④ 総合的な学習経験と創造的思考力，である。同省は，キャリア発達にかかわる能力として，① 人間関係形成能力，② 情報活用能力，③ 将来設計能力，④ 意思決定能力，等をあげている。

　どれも生きていくうえでも仕事をするうえでも欠かせない能力だが，こうした能力を身につけるとは，身体化するまで学ぶあるいは学ぶことで身体化を進めることであるといえよう。身体化には教育的関与が不可欠であると同時に，学生は自覚し，主体的に取り組む態度が不可欠である。

　今日，高等教育機関において「キャリア教育としてのインターンシップ」が必要とされていることに異論はないであろう。世界では熾烈な経済競争が繰り広げられている一方，相互に関心を抱き合い，平和で友好的な社会を構築するための努力がなされている。高度な知識や技能を兼ね備えた世界に通用する人材を育成することは無論のこと，能力を持った魅力ある国民を育成することが求められている。大学等の使命ははかり知れず，そこで学ぶ学生の意識の向上が不可欠である。

　インターンシップは，特定の職業に関する現場実習・研修から，働く意欲の喚起，主体的な職業選択のための気づき，礼儀作法，マナー，ストレス耐性等を含む普遍的な社会能力を養成するという目的を含みつつ，その機会を拡張する傾向にある。短期インターンシップのほか，長期インターンシップを視野に入れたプログラムが期待される所以である。

　「一人前の仕事をしたい」「よい仕事をしたい」と思うなら，知識や技術の習得とともに他者に心を尽くすことや身体を率先して動かすことを身につける必要がある。職場では，コピーを取る，切手を貼る，書類を人数分そろえる，などこまごました仕事がある。雑用・雑務・雑役というが，職場には種種雑多の用事がある。

　知識は豊富でも，周囲とコミュニケーションをとろうとする態度に欠けていれば，持てる力の半分も生かすことはできないであろう。他人に受け入れられるためには，現実を直視する力，謙虚さ，工夫する態度が不可欠である。社会では，対人関係調整能力ならびに意思疎通のためのコミュニケーション力が問われる。

　働きながら学ぶ，学びながら働くことを結合させるインターンシップは，目的を持って取り組むことが成果につながる。若者を一人前にするために関与する人びとの何と多いことか。インターンシップは，学校教育と職業生活との接続や移行を視野に入れ，以下の観点から活用したい。

　① 　職業意識と態度の形成
　② 　就職の準備など，進路支援

③　社会で共有する知識や技能の獲得
④　見聞の機会拡大と学習意欲の喚起
⑤　社会人としての人格形成と規範順守

　大学人のなかには，キャリア教育に対し，限定的な職能教育として評価しない意見や態度の持ち主がいないわけではない。職能教育はアカデミックではないとし，学問の外におく考え方が根強くある。果たしてそうか。
　今や，職業能力向上に資する教育環境の整備は，大学等の義務といっても過言ではない。キャリア教育は，学生が自ら学ぶ意欲を持ち社会の変化に主体的に対応できる能力を涵養すること，そして，国内外で活躍する人材を育成する役割を担うものである。
　インターンシップは，将来仕事に役立つ必要な技術や知識，行動力を身につけるため，社会に出る前に計画的に就業体験することである。学生の身分で，企業等で「見習い」や「研修生」という立場で働くことに意味がある。大学で学んだからといって，一人前とはいえない。しかし，社会に出てから一人前になろうとするのでは遅いのであり，そのための準備は学生時代に行いたいこととなる。それらは，職場で求められる態度や能力であり，礼儀やマナーであり，無目的に過ごす学生生活からは得ることはできないものである。仕事を辞める理由の上位には常に人間関係がある。ストレス耐性は強めたいひとつとなる（第6章参照）。
　進路の節目ごとに次のステージに必要な能力や態度，知識や技能の習得に積極的に取り組みたい。そうした取り組みの総合が知性や人間形成の集積となって，社会に出てから役立つ。大学等は多様な学生への対応を迫られており，学修形態・機会を提供する多様な試みを行うようになった。「学校教育と職業生活との接続」が円滑にいかないとすれば，それは学生のみならず社会の不幸である。
　産業界が，大学等にキャリア教育の充実を期待するのは当然なことといえよう。産業界は，入社後一日も早く職場になじみ，仕事と取り組む意識が高いやる気のある人材を切望している。必要かつ高度な知識や技能のほか，ビジネスマナー，職業観や勤労観，倫理観の涵養が期待される。

4　少子化時代のインターンシップ

　インターンシップは，「就職氷河期」といわれるなか始まった。「就職超氷河期」には，企業等は採用を差し控え，働きたくとも行き場のない学生たちが社会にあふれた。そうした状況は緩和しつつあるとはいえ，企業等や大学等が共同で人材育成に取り組む重要性はとみに高まっている。
　従来，職業教育と呼んでいたものはキャリア教育に衣替えしつつある。将

来に備えて学生は，好むと好まざるとにかかわらず能力向上に真剣にならざるを得ないのであって，内向きの態度や縮み思考では自立から遠ざかると自覚しなければならない。障がいを持つ学生も例外ではない。企業等は，インターンシップを希望する学生に広く門戸を開くことが期待されているが，学生も真摯に取り組んでいただきたい。

4.1　経験値としてのインターンシップ

日本は，少子高齢化が進み「ユニバーサル・アクセス型」が顕著となった。高等教育機会の受益者拡大は，知的大衆の増加につながるものでなければならないはずであるが，実態は必ずしもそうではない。トロウは，教育の目標に「新しい広い経験の提供」をあげている。変化の激しい社会で，それらに対応できる人材が求められる。

トロウはまた，大学等の主要な機能に「産業社会に対応しうる全国民の育成」をあげている。しかしながら，無論すべての学生ではないが，学生の働くモチベーションは低下し，職業観を育成する取り組みが必須である。インターネットの活用に長けている反面，内向きであったり現実の世界に対応できなかったりする若者が増え，メンタルヘルスは企業等にとっても大きな問題となっている。

学生は「これが私の個性です」というだけでなく，相手がどう思うか，どうしたら自分を受け入れてもらえるかを考えるべきである。トロウ（2000）は，次のように述べている。

> マス段階以上の高等教育においては教授も助教授も講師も，もはや学生は自ら学ぶものだと思っていてはいけない。学生は教えられないかぎり学びえないという新しい定義も必要になるだろう。

こうした指摘に学生は発奮すべきである。「教えられないかぎり学びえない」とは，指示がないと動けない「指示待ち人」や，指示されたことしかできないししようとしない「指示しか人」が増えることを示唆していよう。教育機関は，教えれば学ぶ，ついには教えなくても学びたくなる教育環境を提供し続けるほか，学生自身の奮起を期待したい。

4.2　知的大衆たる学生に必要なインターンシップ

インターンシップは，ひとりで何社も内定を取るような学生は無論のこと，一社も内定が取れないのではないかと内心危惧をいだくような学生こそが能力向上の機会として活用すべきである。学力不足，社会性が乏しい，マナーが身についていないといった学生が増え，彼らをそのまま社会に送り出すようなことになれば，企業等の期待外れを招くことになり，採用に至らない学生が増えることになる。ユニバーサル化が進むなか，こうした学生は増えると予想される。学生の自覚を促し，雇用される能力を向上させる必要がある。

社会性
①集団をつくって生活しようとする性質
②とじこもるのでなく，周囲の人々と交際しようとする生活態度。社交性
③社会的な問題への関心があること。また，社会的な問題を提起する力があること（『広辞苑 第六版』）

インターンシップを引き受ける企業等に対する支援は課題である（第5章参照）。

　当事者である学生，大学・企業等の担当者は，何を学びたいのか学ばせたいのかについて計画を練る必要がある。学生は，自分が就職したい企業や職種を研究し，求められる能力向上に真剣に取り組むべきである。それは，いかに生きるかを考えることである。将来設計の作成に早すぎるということはない。時間を有効に使うことにより，計画の修正や変更の時間を十分取ることができ，納得のいくものに仕上げていくことができる。

　学生は学ぶ目的を見直し，在学中，人材としての価値創出を意識し，自己啓発に励みたい。大学等は，学生に雇用される能力を身につけさせようとさまざまなサービスを行うようになってきた。活用するのは学生である。情報の収集・選択能力を身につけ，遺憾なく発揮してほしい。自分の将来を左右するのは他人ではない。

　多くの学生が日常の礼儀をはじめ社会・職業生活を営むうえで必要なルールやマナーの修得に具体的な指導を必要としている。そのため，学生を丁寧

経済同友会の記者会見（2012年5月15日）より

- Q：　今日，厚生労働省が若年雇用の戦略の骨子を発表するようだ。キャリアアップ支援について，産官学で実践的な職業教育としてインターンシップを充実させるという案も入っているようだが，経済界として，若年雇用を増やすためにどういったことをしていくべきとお考えか。
- 長谷川閑史（代表幹事）：　インターンシップについては，先述の新卒採用問題PTの提言でも触れている。経済界の中で意見が一致しているわけではないが，経済同友会としては，インターンシップによって，学生は企業で行われている業務を実際に経験して学ぶ機会が持てるし，企業は，必ずしも採用を見極めるツールにするものではないが，学生を肌感覚で知ることができ，<u>結果として採用に結びつくという形があってもよいと思う</u>。就職協定の抜け道であるかのごとくだけ考えて制限をするのは，柔軟性に欠けるのではないか。海外留学生や海外からの国内留学生，また海外の大学で採用している学生は範疇に入っておらず，（国内の）新卒学生だけを対象としているのは，実態にそぐわなくなってきている。ハローワーク（の出先機関）を大学内に設けて就職指導等を行うことも否定はしないが，学生も教員も，自分たちは何のために勉強しているのか，企業がどういう技能や知識を持った人材を求めているのかをよく考え，その期待に応えられる状態で就職活動を始められるよう自らを持っていく努力もしていただく必要があると思う。
- 前原金一（副代表幹事・専務理事）：　インターンシップを採用につなげてはいけないという制限は，かつて（あった）大企業が（先に）良い人材を採用してしまうということからできたと思うが，もう通用しない時代になっている。大半の学生にとっては，<u>インターンシップで良い出会いがあれば就職が決まるというのが望ましい時代になっている</u>。特に，中堅・中小企業や地方の企業は，もっとインターンシップを活用して良い人材を採っていけばよい。<u>地方の企業で留学生を採用したいケースもあるので，マッチングの意味でも活用できるのではないか</u>。

http://www.doyukai.or.jp/chairmansmsg/pressconf/2012/120515a.html

下線は筆者

に教え導く教授・スタッフ陣が求められているほか，日常的な教育的関与が不可欠といえる。学生は，教室だけが学習の場と考えるようでは狭い考えであると心得よう。

　経済界はインターンシップに期待している。経済同友会は2011年1月21日，大学生の就職難対策として，既卒で就職していない約10万人を対象とした大規模なインターンシップを産業界や中央官庁，地方自治体に導入するよう求める提言を発表した。半年から1年間の就業体験をとおしたキャリア教育を行う狙いだ（『読売新聞』2011年1月22日付）。

　本章で，ニート，フリーター，早期離職者が無視できないなか，「学校教育と職業生活との接続」があらためて問題となっていることを指摘した。ユニバーサル化が進み多様化する学生に対し，多くの大学等で，これまでのアカデミックな大学としてのあり方を維持できるかどうか悩む姿がある。大学等高等教育機関の教育水準を下げることを容認してよいはずはない。

　それどころか，グローバル化社会では，世界に伍して活躍する，あるいは世界から尊敬される国民や職業人を育成することが要請されているのである。とはいえ，教育の目標は，高度かつ専門的な知識や技能の習得に突出するものではないであろう。科学文明の時代にあっても，思いやりの態度を身につけ礼儀作法をわきまえることが基本的・汎用的能力に通じることを肝に命じよう。

　教育の見直しは常に行われている。職業教育を拡張したものとしてのキャリア教育やインターンシップが導入されるようになるなか，両者の「接合」が課題であり，「キャリア教育としてのインターンシップ」に創造的工夫が求められる。教育は，地道な取り組みの積み重ねであり，大学等は官公庁や企業等と連携しつつ，相互理解を深めインターンシップを推進することになろう。

　人材育成は，国の将来を見据え戦略的に取り組むべきことがらである。

（古閑博美）

参考・引用文献

経済産業省・特定非営利活動法人『教育的効果の高いインターンシップの普及に関する調査 報告書』（平成26年3月 経済産業省 特定非営利活動法人エティック 平成25年度経済産業省研究委託事業「教育的効果の高いインターンシップの普及に関する調査」）

　（http://www.mext.go.jp/a_menu/koutou/sangaku2/1346604.htm 2015年3月1日閲覧）

高良和武監修（2007）古閑博美「大学教育とインターンシップ―社会が求める魅力人材の育成」（『インターンシップとキャリア―産学連携教育の実証的研究』学文社 所収）

古閑博美編（2001）『インターンシップ―職業教育の理論と実践』学文社

古閑博美（2004）「未来を負託できる青少年の育成方策―日常の重要性」（『未来を負託できる青少年の育成方法』公共政策調査会／警察大学校警察政策研究センター 所収）

玉木彰（2004）「危機に立つ日本―日本の未来を付託できる青少年の育成方策に関する一考察」（『未来を負託できる青少年の育成方法』公共政策調査会／警察大学校警察政策研究センター 所収）22頁，23頁。

M. トロウ著／喜多村和之編訳（2000）『高度情報社会の大学―マスからユニバーサルへ』玉川大学出版部

中山健（2009）「産学連携教育としての大学インターンシップ―動向・現状・課題」（『東京大学大学院教育学研究科紀要』第49巻）

仁平征次（2001）「日本におけるインターンシップ制度」（古閑博美編，前掲書，学文社所収）10頁。

山本以和子（2003）『大学から見た「大学改革の概説」』ベネッセ教育総研 Benesse 教育研究開発センター

吉田辰雄（平成7年〔1995〕）「アメリカのキャリア教育から学ぶものは何か」（『東洋』第3号，東洋大学通信教育部）4頁。

文部科学省（http://www.mext.go.jp/b_menu/shingi/chukyo/chukyo4/houkoku/1288248.htm　2010年11月29日閲覧）（http://www.mext.go.jp/b_menu/shingi/chukyo/chukyo10/shiryo/attach/1278415.htm　2010年11月12日閲覧）

文部科学省「大学等におけるインターンシップ実施状況調査について　平成19年度」（http://www.e-stat.go.jp/SG1/estat/List.do?bid=000001015462&cycode=0）

文部科学省「インターンシップの定義」（http://www.mext.go.jp/b_menu/shingi/chousa/koutou/027/siryo/05021601/024.htm）

文部科学省「キャリア教育の定義」（http://www.mext.go.jp/a_menu/shotou/career/06122006/001.htm）

2 企業からみたインターンシップ

　米国で普及していたインターンシップが日本で知られるようになったのは，1990年代後半からといわれる。

　1997年，当時の文部省・労働省・通商産業省の三省が共同してインターンシップの総合的な推進に取り組むようになり，大学・企業の協力を得ながら各種施策を展開し始めた。三省は連携して大学への取り組みを支援する一方，企業の取り組みを推進する施策を講じるようになった。

　文部科学省は，インターンシップの普及・啓発を目標に，2000年度から「インターンシップ推進全国フォーラム」を開催し，取り組みの事例の紹介やパネルディスカッション等を実施している。

　厚生労働省は，「インターンシップ受入企業開拓事業」として，経済団体と連携し，多様な業種・規模の企業に対し，以下のような事業を各都道府県の事業主団体に委託し，実施している。

① 企業に対するインターンシップの趣旨等の周知・啓発
② インターンシップ受入企業の開発
③ 大学・学生等への情報提供
④ 学生と受入企業とのマッチングの推進

　いわば国をあげての産学連携プロジェクトの様相を呈してきた「インターンシップの推進」を，各企業は敏感に受け止めたといえよう。一部の企業はそれまでにもインターンシップの普及を提起していたが，さらにその波に乗り遅れまいとしてインターンシップ実施企業が全国に広がった経緯がある。

　毎日コミュニケーションズ社（東京）の調査では，インターンシップは上場企業では約4社に1社，未上場企業では約5社に1社が導入をしており，年々増加する傾向にある（2009年度）。前年と比較し，学生は4ポイント増の49％が，何らかのインターンシップに参加している。

1　インターンシップと企業

1.1　企業の目的

　1997年に前述の三省がまとめた「インターンシップの推進に当たっての基本的考え方」において，企業等におけるインターンシップの意義を，次の3点に整理している。

① インターンシップによって学生が得る成果は，就職後の企業等におい

て実践的な能力として発揮されるものであり，インターンシップの普及は，実社会への適応能力のより高い実践的な人材の育成につながります。
② インターンシップの実施をとおして大学等と連携を図ることにより，大学等に新たな産業分野の動向等を踏まえた産業界等のニーズを伝えることができ，大学等の教育にこれを反映させていくことにつながります。
③ 大学等と企業等の接点が増えることにより，相互の情報の発信・受信の促進につながり，企業等の実態について学生の理解を促す一つの契機になります。これについては，特に中小企業やベンチャー企業等にとって意義が大きいものと思われます。

その後，インターンシップの普及にともない，いろいろな問題点が指摘されるようになった。それを受けて厚生労働省職業安定局は，2004年7月から6回にわたり有識者を集めて，インターンシップ実施の実態，企業・学生等の評価・課題等について把握・分析するため，総合的な実態調査を実施した。「インターンシップ推進のための調査研究委員会報告書」（2005年3月18日）によると，企業がインターンシップ実施の効果として認識する点として，以下のようなメリットがあげられている。
① 指導に当たる若手社員の成長
② 大学や学生への自社の認識度の向上，地元の大学との交流の深化
③ 学生の配置による職場全体の活性化

インターンシップの効果があがっている企業では，次のような取り組みがみられた。
① 全社的なインターンシップ推進体制の整備
② マニュアルの整備，ノウハウの蓄積
③ 実習・研修計画の作成と学生への事前の伝達
④ 受入担当者の配置（さらに，企業から受入担当者への事前説明・指示がある場合に，受入担当者の今後の受入意向が高い）

これが，いわば公けの認識だとして，企業等は社会貢献のためにインターンシップを実施しているわけではない。企業等にはそれぞれに応じた目的や考えがある。インターンシップには企業からみたメリットがあるといえる。企業の認識としてあげられるインターンシップの目的は，以下のとおりである。

(1) やる気のある優秀な人材の確保

近年の厳しい就職環境のなか，せっかく入社しても就職後短期間で離職する若者の比率は高い。大学を卒業し就職した人の約3割が3年以内に辞めていく実態が報告されている。

学生もインターンシップを経て選んだ企業であれば，内容を知ったうえで

決意したのであるから，理想と現実の違いに直面することは少なく，早期離職率は低くなるはずである。

また，一般的に学生時代からインターンシップに興味を持ち，自ら申し込んで働くという行動力は評価されるべきであって，何もしない学生よりインターンシップの学生は積極的で優秀だと思われる。

つまり，企業にとってインターンシップを採用活動の一環と位置づければ，それはそのまま，すぐには辞めないであろう優秀な人材を確保する有効な手段となる。

(2) 採用・広報ツール

景気が悪化すると，採用活動費は削減される。「採用したい学生が多くいる大学に直接アプローチできるのは魅力」と話す採用担当者は多い。

(3) 社内の活性化

意欲の高い学生と一緒に働くことで，社員は刺激を受け，社内が活性化する。柔軟な発想の学生に新鮮なアイディアをもらうこともありうる。

(4) ビジネス・チャンスの拡大

筆者の経験からして，以前と比較すると，起業家や経営者といったトップを目指す学生が増えている。実際，多くのインターンシップ生が現場で戦力となり，新規事業部の売上げと顧客の獲得に大きく貢献しているとの声がある。

1.2 インターンシップの類型

インターンシップを重要視する企業が増え，今やインターンシップは花盛りの様相を呈している。その内容は，多岐にわたる。

表3.1に示した内容をもとに，企業でインターンシップにかかわった者として，一歩踏み込んだ分析・解説を行いたい。

企業のインターンシップには，大別すると三つの型がある。「参加重視型」と「実践重視型」，そしてその二つの「折衷案型」だ。

まず，「参加重視型」のインターンシップでは，これは文字どおり，参加することにより学生・企業双方にとって何らかのメリットがあるものである。大企業や官公庁でよく実施されている。同表では，「セミナー型」に該当する。

労働力として時給の安いアルバイト代わりに使われるような例は少ないが，セミナー形式で企業の内容を紹介しただけで終了といった，内容に深みがないプログラムが多いのも事実だ。同業他社が行っているという理由で仕方なくインターンシッププログラムを実施するような企業では，企業の真剣さは薄く，形式だけの内容になりがちである。

次は，「実践重視型」のインターンシップである。表3.1では，「現場実践型」に該当する。

表 3.1　インターンシップの類型と特徴

	セミナー型	見学・仮想体験型	現場実践型
特徴	主に1日（ワンデーインターンシップ）	2日から3週間程度が多い	2週間から1ヵ月程度が多い
	大企業に多い	大企業に多い	理系研究職，中小・ベンチャー企業に多い
主な実施内容	会社説明，グループでのゲームや作業，社員の体験談紹介や社員との懇談	店舗や工場見学，グループ作業後に成果を発表，合宿，社員との交流会	オフィスでの就業体験，役員や外商への同行，実際の研究・開発・企画への参画
メリット	研究や課外活動とも両立がしやすい	業界や企業への理解が進む	現場に即して詳しく業務を理解できる
	他企業との掛け持ちがしやすい	同じ目標の仲間をつくりやすい	自分の適性と職場のミスマッチを防げる
	受け入れ人数が多く参加しやすい	場合により採用にプラスになる	採用につながりやすい
デメリット	業界，会社への理解の深まりが限定的	現場体験でないため現実とのギャップが生じやすい	他企業との掛け持ちがしづらい
	採用に向けた自己アピールがしづらい	事前の準備が必要となる場合がある	研究や課外活動との両立が難しい
	他の参加者との交流が少ない	人気企業は「狭き門」	人気企業は「狭き門」
昨年の実施企業例	【日興コーディアル証券】1日型。社員からの会社説明と，企業経営者になって収益や占有率を競うボードゲームを体験	【電通】広告の集中講座。グループと個人での演習・発表。合宿も含め1週間。3段階の事前選考を経て36人が参加	【パナソニック】企業説明・見学のあと，研究・開発・製造などの各現場に分かれて3週間の就業体験。最終日に成果報告会
	【バンダイ】事業内容紹介に続き，玩具開発などのテーマでグループワークと発表。1日型を部門ごとに9回実施	【サントリー】「商品開発選手権」と題し，販売促進のアイデアを考案。書類選考後，1ヵ月をかけ決勝戦まで3回の発表を実施	【トヨタ自動車】理系を対象にエンジンや環境技術開発や品質管理などの現場で4週間の就業体験。50人。今年は倍増

出所：読売新聞 2010 年 6 月 8 日「就活 ON！」を引用し，作成。

NPO（Non-Profit Organization）ボランティア団体や市民活動団体などの「民間非営利組織」を指す。

NGO（Non-Governmental Organization）もともとは国連で使われていた用語。多くは「非政府組織」と訳される。NPO も NGO も民間の非営利組織であり，営利を目的とする「企業」と比較するときは NPO と呼び，民間でない「行政」と比較するときは NGO と呼ぶことが多い。

リーマン・ショック　2008 年 9 月に米国の名門証券会社であり投資銀行でもあるリーマン・ブラザーズ（Lehman Brothers）が破綻したことによる，世界の金融市場に与えた衝撃のこと。

　このタイプのインターンシップでは，真剣勝負的な意識で働くこと，期間中に何らかの具体的成果をあげること，などが求められる。実際の仕事に挑戦することで仕事の厳しさと同時に面白さも感じられるであろう。さらには，甘えのない環境で働く経験をとおして自己成長が望める可能性がある。

　海外では大企業から中小企業まで，この実践重視のインターンシップが主流である。しかし，日本では学生を現場に出すリスクを恐れてか，大企業でのこのタイプの実施例は多いとはいえない。主としてベンチャー企業やNPO，NGO などで行われている。私見だが，小規模な組織ほどよいインターンシップと，質がよくなくアルバイト代わりに使うようなインターンシップとが混在しているので注意が必要である。

　同表の「見学・仮想体験型」は，その中間を行く「折衷案型」となる。「参加重視型」と「実践重視型」両方の「いいとこ取り」であり，当然学生の人気は高く，「狭き門」になることが多い。

　インターンシップは，企業の負担が大きく，最近は短期化の傾向にある。2008 年のリーマン・ショック以降，短期化が加速し，2011 年 3 月卒業見込みの学生では，参加学生の 60.8％ が「1 日のインターンシップに参加した」と答えた（毎日コミュニケーションズ）。

　短期化については，学生が「会社説明会と変わらない」と嘆くケースが増

えている半面,「低コストで学生を大勢受け入れたい企業と,多くの会社を見たい学生の双方にメリットがある」との見方がある。

1.3 インターンシップの内容

インターンシップの内容は企業により千差万別である。主だったものを以下に紹介する。

① セミナーで勉強（「セミナー型」）

部屋に集められ,企業の説明を聞いたり,ディスカッションしたり,課題を出して問題解決を求める形式である。社員との懇談は,OB訪問と大差ない。会社説明会の類型のようなものも多く,注意が必要である。

② 社内見学（「見学・仮想体験型」に多い）

大企業を中心に多く実施されているプログラムである。文字どおり社内見学だけの企業もあるが,企業のなかに入ることのできる貴重な機会といえる。短期間・短時間の見学で実際の職場の雰囲気がわかるかどうかは疑問である。

③ 職場で就業体験（「現場実践型」に多い）

インターンシップ先で簡単な教育を受けた後,OJTのように実際の業務に就く。学生にできる仕事に限られる場合が多く,悪くするとアルバイト経験のレベルに留まる可能性が否定できない。

> OJT（On the Job Training）実際の仕事をとおして具体的に仕事のしかたを覚える。

④ 研究開発に参加（「現場実践型」に多い）

理工系学生が中心となる。実際に企業の研究開発の現場に入り,何かを作製したり研究したりする。理工系学生が企業を体験できる数少ない機会となる。

⑤ プロジェクトに参加（「見学・仮想体験型」「現場実践型」にある）

イベント会社や出版社,各種コンサルタント会社などが,期間限定のプロジェクトとしてインターンシップ生と組んで企画するもの。広報目的や,青田買い目的のこともあるが,実際にプロジェクトに参加し,アウトプットを作り上げるので興味深いプログラムもある。

> 青田買い　企業が人材確保のため,卒業予定の学生の採用を早くから内定すること。

> アウトプット　output（成果物,結果）。個人の仕事の能力を,その結果の質と量で判断するための尺度。仕事ができる＝アウトプットのレベルが高い,優れている,といえる。

⑥ インターンシップ先に何らかの提案（「セミナー型」「見学・仮想体験型」に多い）

社内の専門部署に,課題に対する提案や改善点を出して評価をもらうもの。大企業が行うワンデーインターンシップのプログラムで多く実施されているが,「提案して終わり」の内容に物足りなさを感じる学生もいるかもしれない。

⑦ コンテスト形式で作品やアイディアを提案・競争（「セミナー型」「見学・仮想体験型」にある）

才能を発掘したい企業や,広報目的にインターンシップを実施したい企業などが行う。ベンチャー企業のなかには高額な優勝賞金を出したり,優れた

アイディアに投資したりするケースもある。

⑧ アシスタント・かばん持ちなどの経験（「現場実践型」のみ）

ひとりの社員に密着して行動し，アシスタントやかばん持ちをしながら研修するもの。リアルな仕事体験としては興味深いが，指導する社員によって教育内容・効果に差がついてしまうのが難点であろう。

⑨ ボランティア（どの「型」にもあり）

公的機関，NGO，NPOなどが中心となり，実施している。

実際に体験してみないと自分が申し込んだインターンシップがどのような内容かわからないことも多い。極力，大学の資料，インターネット等の情報，先輩の評判など，情報収集に努め，自分の期待する内容かどうかを事前に調べることが必要である。

2 インターンシップと採用

2.1 企業は学生の何を見ているのか

2005年に行われた厚生労働省職業安定局の調査によると，「インターンシップ参加の有無やインターンシップの評価を，新卒者の採用選考に直結，または参考にする」としている企業は，全体の37%である。採用直結を掲げる企業は過半数に満たないとはいえ，実際は，インターンシップ生が自社にふさわしいかをチェックしているといえよう。つまり，学生にとって就職したい企業がインターンシップを実施しているなら，参加しない手はないということになる。就職活動の一環として積極的に参加し，そこで精一杯自己をアピールするべきであろう。

では，企業は学生の何を見ているのであろうか。ホスピタリティ産業のある企業の資料によると，就職活動時に企業が重視する項目の上位3位は，1位：対人コミュニケーション力，2位：積極性，3位：仕事への意欲，である。これは大企業（ホスピタリティ産業の関連企業）へのアンケート資料だが，企業規模にかかわらず重視されている項目である。長年，採用面接官として学生を見続けてきた筆者の考えとも一致する。

一方，学生が面接時にアピールポイントだと考えていることは，①アルバイト体験，②サークル活動体験，③資格，の3点が特徴的といえる。面接時に嬉々としてアルバイトについて，またサークルについて語っていた学生諸子の顔が今でも目に浮かぶ。学生は体験や資格が重要と考えていて，それをアピールしようとする傾向があるのに対し，企業が見ているのは"そこ"ではないのだ。

企業は，前述のように，対人コミュニケーション力，積極性，仕事への意欲，を重視する。人事担当者は，それらを採用面接の場で評価しようと真剣

かばん持ち　「主人の鞄を持って供をする人」の意から秘書や助手などを指していう言葉。ほかに，上役にへつらってそのあとを追う者をいう。こちらは，蔑称として使われる。

ホスピタリティ産業（Hospitality Industry）　主に人的接客サービスを提供する業種の総称。日本では一般に，宿泊業，運輸業，旅行業等を指し，広義には，教育，医療，福祉，金融を含む。

に取り組んでいるが，面接を担当してきた筆者にも，限られた時間内にどこまでその学生の実態に迫ることができたのか，100％の自信はない。その点，インターンシップなら一定期間にわたり学生を観察できる。じっくりと人物を見極めたい企業にとっても，ありのままの自分を理解してほしい学生にとっても，インターンシップは格好の場となる。

ちなみに，先のアンケート結果で企業が重視する項目の4位以下は，「行動力，熱意，粘り強さ，責任感，協調性，誠実さ，信頼感」などである。こうした項目も，学生が考える順位以上に企業は重要視している。逆に，学生が重要視しているのに企業の順位が低い項目は，「在籍校，好奇心，ボランティア体験，独自性，個性」などである。

2.2　企業等はインターンシップをどのように採用活動に利用するのか

企業等がインターンシップを実施する場合，採用を意識している企業等が多いことはこれまでに述べたとおりである。学生の立場からは大いに気になる点であろう。しかもそれが就職希望の企業であれば，なおさらである。

内容からみた特徴の類型（「セミナー型」「見学・仮想体験型」「現場実践型」）とは別に，採用を目的とした企業等の場合，どのようにインターンシップを利用するかという視点から，以下，主だった類型を列記する。

(1)　会社説明会型

インターンシップのなかで最も多いタイプであり，自社の認知度向上や大学等との交流の深化などを目的としている場合が多い。企業等は，正面きって採用活動とは打ち出していないのが特徴である。しかし，採用を意識し，その後の採用活動への誘導を目的としている場合が多い。本採用のための母集団形成を意図しているといえよう。

インターンシップによっては，長期にわたるものがあるが，期間が長くなればなるほど，実際の採用選考を兼ねている可能性がある。期間の長短にかかわらず，インターンシップ生を冷静に評価している可能性があるのはいうまでもない。

(2)　青田刈り型

明確に採用を目的としたタイプである。評価が高い学生に内々定を出して採用試験を受けてもらう。インターンシップの本来の趣旨からは外れているが，就職希望の企業であれば参加をしない手はない。

青田刈り　「青田買い」に同じ。

(3)　外資系型

外資系コンサルティング会社で以前から実施しているタイプ。難しい課題を多く与え，優れた人材を発見しようとする。企業の眼鏡にかなった学生は，採用試験を受けるようにそれとなく働きかけがある。それに応じた大半の学生は，受験すれば合格となるようである。

(4) IR型

マスコミ受けするような話題性のあるインターンシップを実施することでマスメディアに取り上げてもらい，企業イメージを高めようとするタイプ。そこでは，選考を兼ねて一石二鳥を狙う企業もある。

以上，みてきたように，採用とインターンシップに関する自分の考えを明確に持ち，類型の見極めをして参加することが必要であろう。

次に，企業等の採用担当者からの生の声を紹介する。

① 厳しくいえば，商品価値のない人は要らない。学生はそこがわからず，「インターンシップで勉強させてもらう」といった受身の姿勢しか示さず，自分をアピールする貴重な場であるという気持ちがないのは残念。

② 当社はインターンシップ期間の評価と採用とは一切結びつけていないが，やはり当社のインターンシップを経験したうえで面接を受ける学生と，そうでない学生とは評価が大きく異なる場合が多い。体験者は，企業研究がより深くできており，入社への熱意を感じる。

③ 優秀な学生はインターンシップ経験の有無にかかわらず，就職できる。意識の低い学生・目的意識のない学生こそ，積極的にインターンシップに参加し，成長してほしい。ただ企業は教育機関ではないので，低いレベルの学生を引き上げる努力にも限度がある。

2.3 受入企業の担当者の生の声

インターンシップ（2010年夏）を実施したホスピタリティ産業の6社の担当者に取材した内容を述べる。研修期間は，1週間ないし2週間であった。

各社の研修内容，意見，アドバイスは以下のとおりである。

IR（Investor Relations）企業が株主や投資家に対し，投資判断に必要な情報を提供すること。企業はIRをとおして投資家や株主と意見を交換し，そのなかでお互いの理解を深め，市場で評価をしてもらう。そして，その評価の結果が株価に表れる。こういったコミュニケーション活動のことをIRという。

A社：東京国際空港において，航空会社の航空手荷物，航空貨物などを取り扱う空港地上サービス業務に携わる。インターンシップ生には，国際線手荷物取扱業務を研修させた。	
好意的な意見	①自分の意見をしっかり述べる力，自己の課題や弱点を把握し，改善しようとする力が備わっている。 ②全体的に前向きであり，人目を気にせず向かっていく態度は周囲によい影響を与えていた。
手厳しい意見	①マナー面では，遅刻・忘れ物が頻発していた。反省はしていたが，それが改善されなかったのが残念。 ②他者への配慮はできているが，引っ込み思案なところがあって，チームの動きが鈍ることがあった。
アドバイス	社会人は自分で行動しないと他人は何もしてくれない。自ら積極的に行動し，質問などすると，さまざまなアドバイスをしてもらえる。
B社：東京国際空港（羽田空港）を拠点に，航空会社の航空手荷物，航空貨物，航空郵便などを取り扱う空港地上サービス業務に携わる。インターンシップ生には，到着旅客の対応と手荷物搭載業務を研修させた。	
好意的な意見	グループワークでの発言も多く，グループの調停役を務めるなど評価できる。

手厳しい意見	集中力が足りない。他のインターンシップ生が説明を聞き，取り組んでいることでも，理解が不十分なまま進めてもとに戻るということが頻発した。
アドバイス	指示どおりには動けるし，大事なことではあるが，指示以上に動くことはもっと大事。次のステップを常に考えるように。

C社：東京国際空港において，免税品店を営業。インターンシップ生には，店内の販売援助を研修させた。

好意的な意見	① 質問されたことに的確に答えられる力，自分の意見を述べる力を持っている。 ② 毎日の業務のなかで反省点をあげて次に生かそうとする向上心は大いに評価できる。
手厳しい意見	すべてに対して積極性が感じられない。自己紹介や挨拶もきちんとできない。自分から行動して，相手に働きかける力が必要だ。
アドバイス	行動を起こす前に冷静に状況を把握し，分析する心構えを持つことが最大の課題だ。

D社：航空会社の電話による航空券予約や各種サービスに関する案内業務を行う。インターンシップ生には，1日の訓練の後，実際の電話業務を研修させた。

好意的な意見	① 困難な場面に直面しても諦めることなく最後までやり遂げた。 ② 疑問を感じると積極的に質問していた。
手厳しい意見	学生が幼稚化している。働くということに関する意識が希薄になっている。
アドバイス	今後は自分の意見を主張しながらも周囲の人たちの意見を引き出す力を備えれば，よいリーダーシップを発揮できる。

E社：旅行業向けCRS（Computerized Reservation System），業務支援システムのマーケティング・企画・開発・展開・サポートおよび情報提供ビジネス。インターンシップ生には，CRS機能教育後，国内・国際予約業務を体験させた。

好意的な意見	① 周りが感心するような発想力がある。 ② 何でも吸収しようと意欲的に取り組む姿勢に好印象を持てた。
手厳しい意見	こちらから話しかけないと質問してこなかった。わからないことがあれば解決するまで考え，調べ，質問することが大切だ。
アドバイス	人と話すことに苦手意識があるように思った。質問する場合には紙に書いてまとめ，人の目を見て話すようにした方がよい。

F社：ホテル業務。インターンシップ生には，宿泊・料飲・客室清掃・営業・ウェディング・調達・施設とローテーションで幅広く研修させた。

好意的な意見	① 常にメモを取っていたのには感心した。考えながら取り組む姿勢を感じた。 ② 相手の立場をよく理解して客観的に発言していこうとする姿勢が見受けられた。
手厳しい意見	「みんなが行くから何となく」では無意味。なぜインターンシップに参加したのかを真剣に考えること。
アドバイス	与えた作業は確実に終了したが，作業指示がなくても，自分から作業を見つけるようにしてほしい。

3 インターンシップへの企業の意識変化

　これまで述べてきたように，日本におけるインターンシップは，企業からみて今後ますます普及していくであろう。その動きを後押しする企業の意識として，新入社員教育への取り組みの変化があげられる。

　従来，日本の多くの企業等（特に大企業）では，新卒者を一時期にまとめて採用し，時間をかけて教育や訓練を施してきた。いわば白紙の状態から各企業が新入社員を自社の好みに色づけする，といった趣きである。採用にあたり，たいていの企業が学生の専攻科目・学部を指定しないのはそのためであって，学生時代の勉強は直接企業等で役立つという想定ではなかった。

　たとえば，金融業界に入るにあたって，商学部卒の学生も法学部卒の学生も入社後の仕事に大差ないのが何よりの証左である。学生時代の専門が期待されていないのであるから，企業にとって就業体験はなおさら重視する必要がなかったわけだ。

　今や，新卒・中途採用ともに即戦力として役に立つ人材を採用し，教育や訓練は必要最低限にするなど，企業の意識は大きく変わってきている。そうしたなか，インターンシップの役割や評価が高まっていくことは必然である。厳しい就職難のなか，その変化の流れに棹さし，貴重なインターンシップの機会を活用され，学生が希望の進路を手中にすることを願ってやまない。

（中村 真典）

参考文献

Job@Forum 編集部（2000）『就職!! インターンシップ』学生援護会
太田智文（2009）『インターンシップで志望の業界・職種に内定する方法』東洋経済新報社
黒越誠治（2008）『使えるインターンシップ本』日経BP社
『週刊東洋経済』「インターンシップ＆学内セミナーの熱心度」2010.10.16 号
「インターンシップの推進にあたっての基本的考え方」文部省・通商産業省・労働省 1997 年 9 月 18 日
「インターンシップ推進のための調査研究委員会報告書」の取りまとめ 厚生労働省 2005 年 3 月 18 日
「大学等におけるインターンシップの推進について」文部科学省 2006 年
「大学生等に対するインターンシップの促進に向けて」厚生労働省 2007 年
「経済産業省委託 平成 18 年度 地域産業活性化人材育成事業（インターンシップにおける社会人基礎力の実践的活用に関する調査）報告書」関東地域インターンシップ推進協会 2007 年 3 月

3 体験と気づきのインターンシップ

　本章では，大学と短期大学におけるインターンシップの実施状況を中心に，インターンシップに関する現状と課題を述べる。その後，ビジネスインターンシップと称されることもある文系における一般的なインターンシップ，大学の「機能別分化」[*1]といわれる観点では「高度専門職業人養成」ではなく「幅広い職業人養成」を目的とするような大学のインターンシップの事例をもとに，その流れと体験プロセスにおける参加学生の気づき，学びのあり方を検討する。

1　大学におけるインターンシップの発展

1.1　大学におけるインターンシップの増加の背景

　今日，大学・短期大学進学率が50％を超えるなか[*2]，中央教育審議会答申「学士課程教育の構築に向けて」(2008年12月24日)において，学士力の質という問題に真正面から言及されるに至り，大学では学士力保証のためのさまざまな取り組みが行われている。一般的な職業観・勤労観の育成や，専門教育の実地学習のために，授業科目として位置づけたインターンシップを実施する大学も増加している。

　さらに，社会的・職業的自立に関する指導等にかかわる規定が法令上に明確化されるに至った[*3]。各大学はこうした取り組みに対して，質量ともに教育の充実をはかるにとどまらず，その質を保証すること，学生の出口としての「社会的・職業的自立」につながる教育を保証すべきことが明確になったといえる。特定の教育内容・方法が大学に課されるわけではないものの，インターンシップと組み合わせたキャリアに関する授業，すなわち大学におけるキャリア教育としてのインターンシップに注目が集まり，その重要性が再認識されていることは間違いない。

　厳しい雇用状況や仕事の内容が大きく変化するなかで，大学教育の職業的意義，大学と職業との新しい接続のあり方が問われている。教育や学生支援を充実させようという大学の動きと学生の卒業後の進路の不安やそれに対する準備に加え，新卒就職者の3割が3年以内に離職するなどの定着率の悪さも社会問題になっている等の理由から，インターンシップの増加に拍車がかかっているといえよう。

　そもそもインターンシップとは，三省[*4]合議による「インターンシップ

以下，単独で「大学」と表記する場合は短期大学も含めるものとする。

[*1] 中央教育審議会「我が国の高等教育の将来像（答申）（2005年1月28日）」において機能別分化として示されたのは以下のとおりである。①世界的研究・教育拠点，②高度専門職業人養成，③幅広い職業人養成，④総合的教養教育，⑤特定の専門的分野（芸術，体育等）の教育・研究，⑥地域の生涯学習機会の拠点，⑦社会貢献機能（地域貢献，産学官連携，国際交流等）。

[*2] 文部科学省「平成26年度学校基本調査（確定値）の公表について（2014年12月19日）」によれば，大学・短期大学進学率（過年度卒を含む）は56.7％。大学（学部）進学率（過年度卒を含む）は過去最高の51.5％。

[*3] 大学設置基準の一部改正は以下のとおりである。
第1条　大学設置基準（昭和31年文部省令第28号）の一部を次のように改正する。
第42条の次に次の1条を加える。（社会的及び職業的自立を図るために必要な能力を培うための体制）
附則（平成22年2月25日文部科学省令第3号）この省令は，平成23年4月1日から施行する。
第42条の2　大学は，当該大学及び学部等の教育上の目的に応じ，学生が卒業後自らの資質を向上させ，社会的及び職業的自立を図るために必要な能力を，教育課程の実施及び厚生補導を通じて培うことができるよう，大学内の組織間の有機的な連携を図り，適切な体制を整えるものとする。

[*4] 三省とは，文部省・通商産業省・労働省（現在の文部科学省・経済産業省・厚生労働省を指す）。

の推進に当たっての基本的考え方」（1997年1月24日）のなかで幅広くとらえられた。そして，インターンシップと称して就職・採用活動そのものが行われることにより，インターンシップ全体に対する信頼性を失わせることにならないよう推進することが重要とされてきた。すなわち，大学における学生のさまざまな学習・研究内容や将来希望する職業に結びついた就業を体験することにより「学ぶ」ことがインターンシップにほかならない。さらに『広辞苑』（第六版，岩波書店）によると，「実務能力の育成や職業選択の準備のために，学生が一定期間，企業等で仕事を体験する制度」がインターンシップである。

学生は，職業選択の準備，すなわち就職活動前の第一歩として仕事を体験し，必要とされる実務能力について自らを振り返る。伸ばしたいあるいは不足する実務能力については大学に戻ったときに学び直す，その契機とするために活用する制度といえよう。

1.2　インターンシップ実施状況*

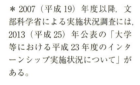

* 2007（平成19）年度以降，文部科学省による実施状況調査には，2013（平成25）年公表の「大学等における平成23年度のインターンシップ実施状況について」がある。

文部科学省の「大学等におけるインターンシップ実施状況調査」に基づき，現状を確認したい。この調査は，「大学」「短期大学」「高等専門学校」をあわせて「大学等」とし，単位認定を行う授業科目として実施されているインターンシップを対象にしている。また，専門職業人養成の目的に必須とされる実習（たとえば，医療系分野における各種の実習や，教職課程における教育実習）は含まれていない。以下，「大学」と「短期大学」の実施状況をみていく。

(1) 実施校・実施率・体験学生数

図3.1は，「大学」と「短期大学」における「実施校・実施率の推移」を表わすものである。いずれも右肩上がりに増加していることがわかる。数値をみると，1996（平成8）年度に大学（大学院含む）で104校であった実施校数が2007（平成19）年度には504校，短大で36校から170校と5倍近くの規模拡大となっている。同様に実施率をみてみると，大学で17.7％から67.7％と全体の3分の2を占めるに至り，短大でも6.4％から43.6％となっている。また，2004

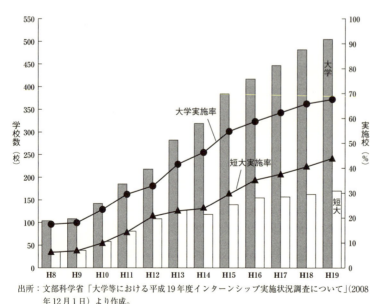

出所：文部科学省「大学等における平成19年度インターンシップ実施状況調査について」（2008年12月1日）より作成。

図3.1　実施校・実施率の推移

(平成16) 年度に大学で3万9,010人であった体験学生数は2007 (平成19) 年度に4万9,726人と大幅に増え，短大では4,598人から4,968人となっている。

(2) 実施学年・実施時期・実施期間

実施学年では，大学は3年次が74.7%，短大は1年次が82.1%となっており，いずれも卒業学年の前年となっている。主として就職活動が開始される前に実施されているといえる。ただし，実施時期をみると，短大では春期休暇中に40.1%の実施となっているため，具体的な就職活動の開始時期と同時進行で行われているともいえる。短大と比較し，大学は82.2%が夏期休暇中の実施となっている。修学期間の長短の影響がみられるものの，短大の夏期休暇中の実施も46.2%となっており，短大は実施時期によってインターンシップのねらいや学生の取り組みに対する意識の違い，その結果として効果の違いも出てくることが推測される。実施期間としては，大学・短大それぞれ「1週間～2週間未満」が最も多く，「3週間未満」までを合計すると80%以上となっている[*1]。

1.3 インターンシップの多様化

先述した三省によれば，インターンシップの形態としては，おおむね以下のように類型化され，その効果が発揮されるよう，個々の大学等や企業等が独自性を発揮しつつ，多様な形態で行われることが望ましいとされた。すなわち，

① 大学等における正規の教育課程として位置付け，現場実習などの授業科目とする場合

② 大学等の授業科目ではないが，学校行事や課外活動等大学等における活動の一環として位置付ける場合

③ 大学等と無関係に企業等が実施するインターンシップのプログラムに学生が個人的に参加する場合

という3類型である（傍点筆者）。

昨今，すべての学部・学年の学生がインターンシップに参加できるような体制を整備している大学や，大学コンソーシアムがインターンシップの受け入れ可能な企業等の団体を把握し，各大学にその情報を提供している取り組み等，多様な事例が報告されている。

①については先に検討したとおりだが，②のように単位認定にとらわれない柔軟なプログラムを構築することや，③のような場合にも学生への支援体制を強化していく必要もあろう。たとえば，実質的には企業の採用活動としての側面が強くみられる「ワンデーインターンシップ」等が一般化しつつあり，参加学生も増加しているためである[*2]。「1日」という期間ゆえに，職場見学や先輩社員との交流すらなく「まるで会社説明会だった」，内容が

[*1] 以上までの実施状況の数値について，2011（平成23）年度でも同様の傾向がみられる。ただし，新たな調査項目が増えるなどの調査内容の修正がみられ，厳密には数値比較ができない点もある。例えば，単位認定を行う授業科目以外のインターンシップについてもまとめられており，「1.3」で述べる多様化傾向の高まりに対応した修正であるといえよう。

コンソーシアム（consortium）二つ以上の個人，企業，団体，政府（あるいはこれらの任意の組み合わせ）からなる団体。

[*2] 民間の調査（株式会社マイナビ「2014年度マイナビ学生インターンシップ調査」2014年10月）によれば，参加した期間は複数回答で「2週間以上～3週間未満」が5.0%であるのに対し，「1日」が49.3%となっている。

盛りだくさんなことはよいが,「詰め込みすぎで頭に全く残らなかった」という声が聞かれる(「インターン短期化ため息」『日本経済新聞』2010年10月16日朝刊)。

インターンシップが多様化するなかで,「教育的」「労働的」という二極にインターンシップを分け,「学生の目的意識の高低」「期間の長短」「単位・報酬の有無」から類型化(「仕事観察」「仕事体験」「仕事実践」「仕事訓練」)されている(佐藤他［2006］)。1日という極めて短期的かつ企業説明会の拡充的な内容では,この類型には当てはまりにくく,真の学習の成果は期待しにくいであろう。受入期間の短期化による弊害が現われており,学生は目的を明確にし,取捨選択して臨むことが必要な状況である。

近年,大学内に急速に設置されたキャリアセンター等の支援組織によって当該インターンシップのねらい等についての事前指導としての個別対応を重視し,学生が無駄な時間を過ごすことのないように支援していく必要があろう。教育に質保証が求められる昨今,実施側である大学としては,どのようなタイプのインターンシップとして充実させていくか,その結果としてどのような学習成果(ラーニング・アウトカム)が得られるかを明確にしていかなければならない。

> ラーニング・アウトカム (learning outcome) 学習の具体的な成果。

2 大学におけるインターンシップの実際
2.1 中小企業におけるインターンシップ

学習成果の明確化に加え,大学では社会貢献機能を果たすべく,地域との連携による教育の拡充が求められている。インターンシップの実習先としても地域の中小企業への注目が集まっている。また,内定の取りにくい大企業志向が強い学生と人材不足の中小企業を結びつけるミスマッチ解消という就職支援面からも同様である。

インターンシップの取り組みは,地域の経済団体によって支えられることが少なくなく,経営者協会や商工会議所がそのような団体として思い当たる。ここで注目したいのは,中小企業家同友会(以下,同友会)である。1998年に愛知,京都,愛媛などで「中小企業で働く魅力を伝え,地域全体で人材育成をしていこう」としてインターンシップの取り組みが始まった。筆者の大学も参加する愛知中小企業家同友会(以下,愛知同友会)主催のインターンシップは,1997年に愛知同友会理事会を中心に議論を重ね,①アルバイトでも新入社員でもない研修生,②インターンシップを人採りの手段にはしない,という2点を柱に始まった。2014年には14の大学から91名の学生が,会員企業39社と愛知同友会事務局(単にマッチングなどのコーディネート役を果たすだけではなく,実習先として学生の受け入れも行っている)の計40

> 中小企業 中小企業基本法第2条第1項の規定に基づく「中小企業者」をいう。その定義は以下のとおりである(「業種」：従業員規模・資本金規模)。「製造業・その他の業種」：300人以下または3億円以下,「卸売業」：100人以下または1億円以下,「小売業」：50人以下または5000万円以下,「サービス業」：100人以下または5000万円以下。ただし,中小企業基本法上の中小企業の定義は,中小企業政策における基本的な政策対象の範囲を定めた「原則」であり,法律や制度によって中小企業として扱われている範囲が異なることがある。

> マッチング 需要側である学生(大学側)の希望と供給側である企業等との調整を行い,実習までの仲介を行うこと。

社で2週間の実習*1に臨み，例年，学生と受入企業とも参加したことに対して「有意義であった」との回答が出ている*2。採用活動の一環としてのものでないばかりか，単なる就労体験，職場体験に終わらせず，生きがいや働きがいを学ぶことができる「共育（ともそだち）」の理念をもとにした取り組みとして，17年目を迎えた2014年までに28の大学から1,200人を超える学生が参加しており，受入企業は延べ622社となっている。

　学生は何を学ぶのか，学生を送り出す大学，受け入れる企業は何を学生に学んで欲しいと思っているのか。以下では，愛知中小企業家同友会が主催するインターンシップの流れ*3をもとにし，インターンシップのPDCA，すなわち事前学習（Plan）・実習（Do）・事後学習（Check, Act）を確認する。

2.2　インターンシップのPDCA

(1)　事前学習（Plan）

　大学におけるインターンシップでは，事前学習（単位の有無は別として）を経て実習に臨むことが一般的であるが，愛知同友会では大学とは別に，事前研修として，参加学生・受入企業・派遣大学が一堂に会し，インターンシップの意義が確認されている。具体的には，初日に行われる「キックオフセミナー」と呼ばれるものから開始する。受入企業からの問題提起（インターンシップへの取り組み，学生に望むことなど），学生実行委員会*4からの問題提起（インターンシップで学んだこと，学んでほしいことなど）がなされたのち，グループ討論が行われる。グループは，学生，受入企業，大学側出席者がそれぞれ数名ずつで構成され，共に学ぶ。討論の結果は，各グループの学生が代表となり全体に対し，プレゼンテーションを行う。参加学生の主体性を引き出す仕組みとして，会場内での自由な名刺交換の時間を設けている。

　学生アンケート*5をみると，「グループ討論で目標を作ることができた」という事前学習の効果を実感する感想が述べられている。逆に「目的意識を持って臨まなければ学べることが少なくなると身を持って感じた」ともあり，大学での事前学習にあたる種々の取り組み（実習先研究やビジネスマナー講習等）を積極的に活用し，できる限り明確な目標設定を行うことが最大の事前準備となることが明らかである。

(2)　2週間の実習（Do）

　学生の実習先*6は，各大学の学生の希望が最大限尊重されるものの，一企業で多人数を受け入れる場合，原則，一大学から1名のみである。同一大学で受け入れる場合もあるが，少なくとも同一学部ではないことが厳守されており，学生の甘えが出ない環境とする。そして，実習開始後は，それぞれが現場で別々の体験をすることになる。

　たとえば，愛知同友会事務局での実習では，事務局内ばかりでなく，会員

*1 愛知同友会では，企業での「研修」とされるが，「実習」に統一し，事前事後については「研修」と区分けし表記した。

*2 例えば，愛知同友会インターンシップ2010参加アンケートによれば，学生の約60％が「非常に有意義」約36％が「概ね有意義」，企業の37％が「大変有意義」63％が「概ね有意義」と回答している。

*3 愛知同友会事務局インターンシップ事業担当者2名からの聞き取りおよび配布資料等に基づいたものであり，研修プログラムについては主として2010年度の内容を記述している。2011年度以降も，大きな変更はされていない。

*4 前年度の愛知同友会事務局でのインターンシップ学生（おおよそ4名）を中心に組織されている。

*5 愛知同友会インターンシップ2009，2010の参加アンケート（学生）および「インターンシップ参加学生感想文集」2009年度，2010年度より。

*6 愛知同友会のインターンシップ受入先を含む中小企業の事例は，以下を参照されたい。阿部克己・浅生卯一・田村豊（2007）『中小企業の経営力とは何だ』中部経済新聞社

企業へ指導担当者とともに訪問することで，各企業の現場を視察することになる。また，視察対象の製造業では，学生の専攻にかかわらず，ものづくり体験が組み込まれることが多い。実習内容による類型化として，① 企業ウォッチング型，② 就業意識高揚型，③ テーマ実習型，④ 問題解決・提案型，⑤ ボランティア活動参加型，というものがあるが（高良[2007]），② をベースにしながら①や④の要素を組み込むような，2週間を最大限に生かす工夫が凝らされたものが多いようである。

単に「商い」をみるのではなく，経営者とのかかわりをとおして，① まるごと中小企業を学ぶ，② 経営を学ぶ，などができるように条件が整備されているといえる。「人生を考え直すきっかけになった」との学生の感想があるが，経営者の生き方を身近に感じる機会であったこと，経営者との（場合によっては経営者の家族も含めた）深いコミュニケーションを経験したことなどがわかる。

このような体験は，「働くこと」「学ぶこと」「生きること」それぞれが別個にあるのではなく，まさに「キャリア」そのものであるとの気づきを促す。学生にとっては，外的キャリアばかりでなく内的キャリア，すなわち個人の内的側面，内的価値に響くような体験があってはじめて，大学での学び（専攻分野）とのつながりが意識されよう。また，『中小企業白書』（2009年版）においては，中小企業のインターンシップを受け入れるさいのプログラムについて，「実践に近い形で業務の一部を体験させる」と回答した企業の割合が高くなっている。

インターンシップをとおして企業の全体を体感しようとするとき，大企業では一部門の限られた部署での体験になりがちであることに比べ，中小企業ではその全体像を体感し，近距離での経営者とのやり取りから学ぶことができることが実践的な中小企業のインターンシップの最大のメリットといえよう。実際に就職するとなると，大企業とは違い，嫌な上司と決別できる人事異動のような機会が少ないことも身をもって知ることになろう。「自分が考えている以上に職種が多くあることに気づいた」とは，組織の歯車としてではなく，複数の職種をひとりでこなすこともある中小企業ならではの気づきといえる。

(3) **事後学習**（Check, Act）

最終日の「修了式」[*1]は，単なるセレモニーとはしない。事後学習として研修を行い，その後，修了証書授与が行われる。最初に参加学生を代表して数名の学生が実習の実践報告を行う[*2]。それを受け，キックオフセミナーと同様のグループ討論・グループ発表が行われる。その後，模擬面接を行う。

模擬面接では「インターンシップで何を学んだのか」といった事後学習と

中小企業白書 出版物としても入手可能だが，中小企業庁のWebサイト（http://www.chusho.meti.go.jp/index.html）から最新年度版も含め，全文をみることができる。

『中小企業白書』（2009年版）では，学生時代にインターンシップに参加したことがある者への調査において，インターンシップに参加した理由には，「働くことがどのようなことか知りたかったから」や「希望する仕事の内容を体験したかったから」との回答が多い一方，「受入先の企業に就職したかったから」という回答は少ない。

[*1] これに先立ち，実習期間の最終段階で作成した感想文が，各実習先から愛知同友会の公式Webサイトをとおして事務局に送信され，即日『インターンシップ参加学生感想文集』として製本され，修了式で配布される。

[*2] 体験の共有としての事後学習という観点から学生の所属大学・学部，実習先の業種等のバランスをふまえ，事務局担当者を中心に代表者が選出される。

しての振り返りに加え，実際の採用活動と同様の質問（自己 PR，長所や短所）を行い，学生に本番さながらの面接を体験してもらう。模擬面接の終わりには反省と改善のためのフィードバックがなされ，就職採用面接の手がかりを得て，本番までに必要とされる，また自分に不足する学びを再確認することになる。この一連の流れは，体験の言語化であり，学生に新たな目標設定を促すものとなる。

3 インターンシップと主体的学習

一貫して，インターンシップを直接的な就職・採用活動と切り離す形で展開してきた愛知同友会インターンシップであるが，10年以上にわたる改善の結果として，学生の就職活動期に必要とされる能力育成につながるプログラムとして発展してきたということができる。すなわち，エントリーに始まり模擬面接等に終わるプログラムである。

大学新卒者採用では，エントリーシート，プレゼンテーション，グループワーク（共同作業），筆記試験（一般常識・基礎学力，専門分野の学科・技能，適性，作文・小論文），面接試験（個人面接，集団面接）などさまざまな選抜方法が用いられる。その実施率は企業規模によって差があるものの，全体の90％を超える企業が面接試験のみを実施していたという調査結果がある（厚生労働省『平成16年雇用管理調査』，岩脇［2007］）。

今日，日本における新卒一括採用の制度の是非が問われているが，人によって成り立つ"組織"に参入しようとするとき，面接という対面での試験がなくなることはないであろう。学生は，小手先のテクニックを超えた自信を身につけるためにも，事後学習を主体的に継続していく必要がある。

事後学習の一環として報告会が行われることが少なくない。たとえば筆者の大学では，学校行事である大学祭において報告会を行い，学生が主体となって司会進行を行うなどしている。また，模擬店の形式で実習の成果を現わし，そうした活動を新聞に投稿するなど前向きな取り組みがある*。

また，愛知同友会インターンシップにおける学生実行委員は，先に述べたキックオフセミナーにおいて問題提起をするなど参加者としての役割と同時に，主催者側の役割（企画立案・実施）も担っている。愛知同友会事務局が実行委員に望むことは，インターンシップで学んだことを自分たちで振り返り，新たなインターンシップ学生を受け入れる側に立って知識や経験を内面化していくことである。こうしたことから，学生は二段階目のプロジェクト的なインターンシップを経験することになる。

学生の主体的活動としては，大学生同士の就職活動の助け合いがあげられる。自ら合同企業説明会や就活セミナーを企画し，苦境を乗り越えようとす

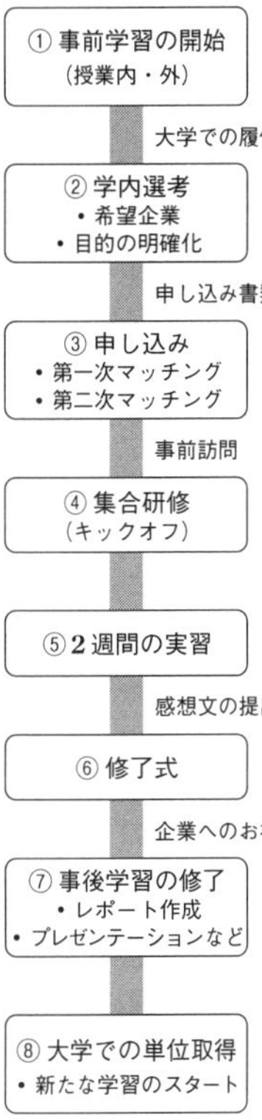

図 3.2
インターンシップの流れ
（愛知同友会の例）

① 事前学習の開始（授業内・外）
　大学での履修登録
② 学内選考
　・希望企業
　・目的の明確化
　申し込み書類作成
③ 申し込み
　・第一次マッチング
　・第二次マッチング
　事前訪問
④ 集合研修（キックオフ）
⑤ 2週間の実習
　感想文の提出
⑥ 修了式
　企業へのお礼訪問
⑦ 事後学習の修了
　・レポート作成
　・プレゼンテーションなど
⑧ 大学での単位取得
　・新たな学習のスタート

＊自分自身の活動をPRすることの一環としてメディアを活用することを推奨したい。記事は，『中日新聞』（朝刊，名古屋本社発行版）「學生之新聞」（※当時）に掲載された（そもそも，東海エリアを中心とするさまざまな大学に通学中の学生スタッフの手によって作られている）。学生主体の取り組みは記事としても取り上げられることも多いため，在学中の目標として実現することはそれほど難しくないように思われる。

る動きが広がっている。新聞記事などにも，首都圏ばかりでなく，各地域での事例が紹介されることは少なくない。主催する学生は，単なる課外活動を超えて，インターンシップ同様の学習成果が得られよう。

　昨今，正課内においてはPBL（Project Based Learning, Problem Based Learning）のような，学生が主体的に行う学習形態が文系学部においても浸透しつつある。体験による学習が既存の科目にも取り入れられ，インターンシップだけでなくさまざまな体験学習が入学から卒業まで用意されているようである。すなわち，実際の就業に到達するまで就業力育成のための段階を踏まえたプログラムが構築されつつある。たとえば，すべての学年でインターンシップを履修できるようにするなどのカリキュラム上の工夫，通常の講義との連携などである。また，電子的な学習ポートフォリオ*の構築・運用によって，学習過程を含めて到達度を評価し，次に取り組むべき課題をみつけてステップアップを図っていく等の取り組みも増加している。

　今後，学生のインターンシップにチャレンジする機会が広がっていくことは間違いない。ただし，体験の場は与えられるが，そこでの気づきは学生自らが求めなければ得られない。取り組みに対する主体性が肝要である。

　参加する学生は，受入企業や同友会のようなコーディネーター（主催者）の労力に対し「感謝」の気持ちで実習に臨むとともに，実習で得たものを自分自身の血肉とし，その後の大学での学習や就業に向けた準備に活かしていくことが恩返しであると考え，有意義な機会として享受すべきである。

　そして，自らが企業社会に参画し主催側に立つとき，見返りを求めない「奉仕」の精神で学生を受け入れるという循環がなされるとき，「働くとは何か」「生きがい・働きがいとは何か」といった根源的な問いに自分なりの答えが見出せるようになるのではなかろうか。その点では，大学におけるインターンシップは長い職業生活への第一歩に過ぎない。学生は，就業に向けた力の修得のためよりよく学ぶ必要がある。学生を支える仕組みとしてインターンシップが機能するように，大学等にはいっそうの取り組みの強化が求められよう。

（手嶋慎介）

＊学生が学習過程ならびに各種の学習成果（たとえば，実習前に立てた目標や計画表，実習後のレポートやプレゼンテーション資料など）を長期にわたって収集したものを学習ポートフォリオという。電子的なものは学外から活用できる場合もあり，実習期間中も実習先や自宅から日々の学習について記録することができる。

参考・引用文献
佐藤博樹・堀有喜衣・堀田聰子（2006）『人材育成としてのインターンシップ―キャリア教育と社員教育のために』労働新聞社
中小企業家同友会全国協議会 DOYU NET（http://www.doyu.jp/）
愛知中小企業家同友会 Ainet（http://www.douyukai.or.jp/）
高良和武監修，石田宏之・太田和男・古閑博美・田中宜秀編（2007）『インターンシップとキャリア―産学連携教育の実証的研究』学文社
岩脇千裕（2007）「大学新卒者採用における面接評価の構造」（労働政策研究・研修機構『日本労働研究雑誌』567号所収）49～59頁

4 インターンシップの学びをどのように活かすか
―メディア系企業での実践例を中心に―

日本でインターンシップが推進されるようになってから，15年余りが経過した。「インターンシップという制度を知っている」大学生は55.1%（2007年マクロミル調べ，対象は大学3年次），2011年には，実際に単位認定対象としてインターンシップを行った学生は75,000人*（文部科学省調査）に上っている。就職支援サイトが主催するインターンシップフェアは毎年多くの学生が参加し，大盛況である。今や，大学等にインターンシップは深く浸透しているといってよい。

*大学，短大，高専の総数　出所：文部科学省「大学等における平成23年度のインターンシップ実施状況について」(http://www.jasso.go.jp/career/documents/internship_mext20130628.pdf)

1　インターンシップ参加の有効性

学生はなぜインターンシップに参加したいと考えるようになったのだろうか。『中小企業白書』によれば，1位「働くことがどのようなことか知りたい」48.2%，2位「希望する仕事の内容を体験したい」42.9%，3位「仕事に対する自分の適性を把握したい」23.2%，である。専門知識やスキルの習得というよりも，「働くための第一歩」としてとらえているようである。

インターンシップは，実際に企業等の業務を体験できる貴重な機会である。学生は，企業等で単なる見学ではなく時には社員と一緒に行動することで，実際の業務内容を知り，企業や業界が求めている人材像について把握することができる。また，大学等で学んできた学習の成果を実社会で試す絶好の機会でもある。一方，学生を受け入れる企業にも，学生と企業のミスマッチを防ぐための採用対策への活用に加えて，自社の認知度の向上，指導にあたる社員の再教育，大学との交流の深化，職場の活性化などさまざまなメリットがある。

しかしながら，今日，インターンシップの一般化が進んだ結果，学生にとって，「インターンシップで何を学ぶか」ということよりも，「参加すること」そのも

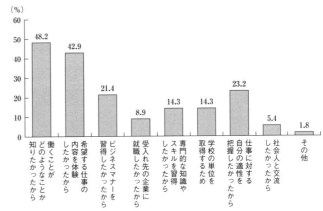

（注）1．複数回答のため合計は100を超える。
　　　2．学生時代にインターンシップに参加したことがある者についてのみ集計した。
資料：野村総合研究所「仕事に対する満足度・モチベーションに関する調査」（2008年12月）
出所：『中小企業白書』（2009年度版）中小企業庁

図4.1　大学等の学生がインターンシップを希望する理由

のが目的となってしまっているケースがみられるようになっている。インターンシップには，漠然とした気持ちではなく，その後の学びや進路選択にどのように活かしていくか戦略的に考えて参加することが望ましい。それにより，インターンシップへの参加意義をいっそう高めることができる。また，企業は，目的意識のない学生を受け入れることに費やす労力を減らすことができる。

そこで，本章では，インターンシップでの体験をどのように活かすことができるのか，経済産業省が提唱する「社会人基礎力」の内容やメディア系企業における実例と関連づけながら，インターンシップの有効性を展望する。

2　インターンシップと「社会人基礎力」

近年，若者を取り巻く環境は大きく変化している。それらは，インターネットの急激な普及による生活環境の変化，大学進学率の上昇による大学生の多様化，非正規雇用の増加や若者の離職率の増加，といった労働環境の変化などである。今，社会の変化に対応できる若者が企業等から要請されている。そのような環境の変化を背景に，「学士力」「社会人基礎力」「就職基礎能力」「就業力」等，各省庁の視点で呼び方は異なるものの，大学生が卒業までに身につけるべき知識や能力に関する指針づくりが進められている。おのおのの視点はやや異なるものの，要約すれば，「社会人としての教養力」「社会に通用する力」をどのように育成するか，ということにつきよう。

ここでは，それらのなかで，「社会人基礎力」（経済産業省により 2006 年に提唱）を取り上げる。理由は，仕事で必要とされる力が多角的に整理されており，インターンシップに関連が深い内容が多く盛り込まれているからである。

2.1　社会人基礎力とは

社会人基礎力は，「職場や地域社会で活躍するために必要な基礎的な力」のことであり，仕事をするうえで必要となる基本的な力をまとめたものである。大別すると，「前に踏み出す力」（アクション），「考え抜く力」（シンキング），「チームで働く力」（チームワーク）の 3 種類があり，さらに「主体性」「働きかけ力」「実行力」「課題発見力」「計画力」「創造力」「発信力」「傾聴力」「柔軟性」「情況把握力」「規律性」「ストレスコントロール力」の 12 要素に分かれている。

社会人基礎力は，業種・職種を問わず，仕事をするさまざまな状況で必要とされる能力である。では，企業等は，12 の能力要素のうち，特にどのような力を学生に求めているのだろうか。大学生が就職したい企業 100 社の採用担当者があげている「採用時に重視する社会人基礎力」をみてみると，「主体性」が最も多く 83.7％，「実行力」が 54.1％ と続いている。受身ではな

4 インターンシップの学びをどのように活かすか

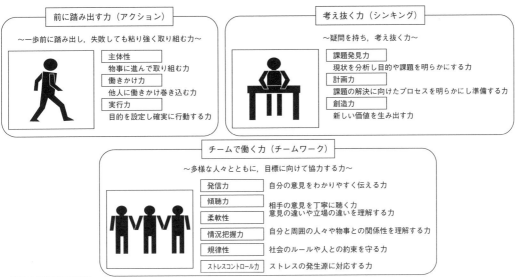

出所：経済産業省資料

図 4.2　社会人基礎力の 3 つの能力と 12 の能力要素

く主体的に，① 今，何が必要なのかを考える，② 考えるだけではなく実際の行動に移していく，ことが求められているといえよう。

これらの社会人基礎力は，受動的な学習姿勢では身につかないものである。ゼミ活動，サークル，アルバイト，就職活動など，日常の行動のなかで意識することが第一歩となる。なかでも，インターンシップは，実施期間にかかわら

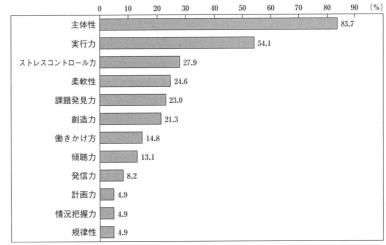

出所：「人気企業の採用活動に関するアンケート調査結果」日経 HR プレスリリース（2010 年 4 月 14 日付）

図 4.3　企業が採用時に重視する社会人基礎力（2010 年 2〜3 月実施）

ず，実社会と直接接することで自己の学習上また態度や能力などにおける強みや弱みを発見することができるため，社会人基礎力の向上において極めて有効な手段になり得る。

2.2　インターンシップと社会人基礎力の関連性

インターンシップを行うことによる知識や技能向上の効果測定に関しては，日本では教育機関ごとにさまざまな基準を設けて行っているのが現状である。経済産業省*ではインターンシップの教育的効果の評価手法について検討を行っているが，今後はその体系化が求められているところである。

そこで，本章ではインターンシップによって社会人基礎力をどのように育

＊経済産業省ウェブサイト
（http://www.meti.go.jp/policy/economy/jinzai/intern/intern.html）

成できるのか，3つの能力別に検討する。

　①　前に踏み出す力（含まれる能力要素：主体性，働きかけ力，実行力）

　「失敗しても粘り強く取り組む力」のこと。

　インターンシップになぜ参加したいのか考え，企業に自らアプローチしていくことで「前に踏み出す力」の向上につながる。

　ある女子学生は，もともと野球が大好きで，プロ野球関係の企業等でインターンシップを体験したいと考えていた。そこで，プロ野球の全球団事務所に，インターンシップに参加したい理由について熱い思いを綴った手紙を送付した。ほとんどの球団が断りの回答であったなか，ある球団はその熱意を認め，エントリーシートの提出に結びついた。この事例から，インターンシップに参加したいと考え行動に移す段階から，「前に踏み出す力」の向上につながっていることがわかる。

　②　考え抜く力（含まれる能力要素：課題発見力，計画力，創造力）

　「問題意識をもち考え抜く力」のこと。

　インターンシップに参加すると，課題が与えられたり，自分で課題を発見し，その解決策を考えたりする機会が生まれる。いずれにしても，そこで，なぜその課題解決が求められているのか，さまざまな資料や調査から分析を行うことで，「考え抜く力」の向上につながる。

　ある女子学生は，ディスプレイ業のインターンシップに参加し，女性の癒しと空間の関連性について分析を行うことになった。彼女は，トイレに着目した。調査項目を自分で考え，都内の女子トイレを何か所も回り，分析結果をレポートとしてまとめた。最終的に，社長および役員に向けてプレゼンテーションを行った。どのような課題であっても，現状を分析し，改善策を検討することは，職業人に役立つ能力となるため，積極的に取り組むことが必要である。

　③　チームで働く力（含まれる能力要素：発信力，傾聴力，柔軟性，情況把握力，規律性，ストレスコントロール力）

　「目標に向けて他人と協力する力」のこと。

　学生と職業人で大きく異なる点のひとつに，「意見や立場の異なる他者と協力すること」があげられる。インターンシップでも，自分の担当者や上司と共同して働く機会が多く，さまざまな年代や立場の人びとと共同作業を行うことになる。

　ある年，隠岐諸島（島根県）の海士町（あまちょう）でインターンシップに参加した女子学生がいた。彼女は，東京出身であったが，見知らぬ土地でインターンシップに参加してみたいと考え，自分で行くことを決めた。鳥取県境港市まで電車で3時間，そこからフェリーで2時間かけて現地を訪問した。そこで，自

治体職員と一緒に，クリエーターツアーの運営に関わり，自治体職員，島外からやってきたクリエーターたち，地元の人びと，Ｉターンしてきた人たちなど，さまざまな立場の人たちと一緒に仕事をすることになった。地方でのインターンシップは，都会ではできないさまざまな可能性が広がっている。また立場が異なる人たちとの共同作業は，職業人に求められるものであり，どのような内容であれ，インターンシップでぜひ経験してほしいことである。

3 インターンシップの実践例：メディア系企業を中心に

メディア系企業は，毎年発表される各種就職ランキングで上位を占めることが多い。なかでも，一部の有名企業には応募が殺到する。一方，せっかく難関をくぐり抜けて就職しても，「残業が多い」「思っていたよりも仕事内容が地味」などの理由で早々に離職する人がいる。原因のひとつに，見た目の華やかさなどとのギャップがあげられる。メディア系企業以外でもこのようなことが起きる可能性はあり，適切な進路選択を行うために，学生のうちにインターンシップなどをとおして，自分の適性を見極めることは極めて重要であるといえる。

そこで，ここでは，大手のメディア系企業で行われているインターンシップの内容を整理し，次に，筆者の所属する大学の学生が実際に参加したメディア系企業のインターンシップの事例を紹介する。それらを踏まえて，社会人基礎力の観点から，得られる効果に関して考察する。

3.1 大手メディア系企業におけるインターンシップ

メディア系企業では，多様な形態のインターンシップが実施されている。表4.1は，主なメディア系企業で実施されているインターンシップの内容を抜粋したものである。

講義や見学が多く，「企業ウォッチング型」「就業意識高揚型」が中心となっているものの，企業がプログラムを工夫し，グループワークや課題解決学習が取り入れられていることもある（分類の名称は石田［2007］に基づく）。しかしながら，企業によっては，企業説明と職場見学をもってインターンシップと称している場合もあり，実質的にはプレ就職説明会というケースもある。

3.2 インターンシップの実践例

表4.1に掲載したような大手メディア企業には，毎年多くのインターンシップ希望者が殺到している。そのため，比較的短期間で大勢の学生が参加できる形態にしている場合が多い。一方で，メディア系企業の規模の業種・職種は多岐にわたっており，インターンシップに関して極めて実践的な内容で行っている場合もある。

クリエーターツアー 海士町が企画したもので，ブログやコンテンツ制作の専門家に島外から観光に来てもらい，海士町の良いところを外部の視点で発掘し，動画やブログを作成して情報発信してもらうというもの。

Ｉターン 出身地ではない地域に就職すること。出身地と就職先の地域を線で結ぶと一直線になり，アルファベットの「Ｉ」のようにみえることからＩターンと呼ばれている。

メディア系企業 新聞，放送（テレビ，ラジオ），出版の他，広告，インターネット，通信，音楽，ゲームなどさまざまな種類があり，極めて裾野が広い企業群である。

表 4.1　主なメディア系企業のインターンシップの内容

企業名	実施期間	内容	備考
読売新聞社	5日間	□編集局幹部や現役記者による講義 □地方支局での記者体験実習，模擬取材	記者コース
朝日新聞社	5日間	□社員からの講義 □グループワーク	ビジネス部門
フジテレビ	5日間	□現役アナウンサーによる発声，ニュース原稿の読み方のレクチャー □スタジオで模擬番組の収録を体験	アナウンサー
読売テレビ	2日間	□番組リハーサル・OA見学，若手社員との懇親会 □音楽番組制作体験	
WOWOW	3週間	□職場体験（制作，宣伝，営業など） □プロジェクトチームによる課題への取組み □役員，社員の前でプレゼンテーション	総合コース
Cyber Agent	6日間	□リアルビジネス体験 □ワーク，プレゼン □社員とのディスカッション	総合職

出所：各企業ウェブサイトより引用（2010年実績から一部抜粋）。実施年度により，具体的内容は異なる。

次に4つの事例を紹介し，おのおのについて筆者の考察を行っていく。

(1)　学術系出版社でインターンシップを行ったA（3年男子）のケース

① 受入企業の業務内容：学術系専門書の編集・出版
② インターンシップの参加動機：将来，出版に関わる職に就きたい
③ 応募方法：大学キャリアセンターの紹介
④ 実習期間：23日間　＊3年次の夏休み
⑤ 実習内容：書店営業，電話注文の応対，注文取り，在庫処理，取次回りなど

筆者の考察

　Aは，インターンシップ開始後数日間は「何をしてよいかわからない」状態であった。そこで，受入企業が発行している書籍を読み込み，種類や傾向の分析を行うことにした。2週間目からは社員に同行し，書店営業や取次回りを行った。3週間目には，自分ひとりで営業活動に回るようになった。1ヵ月の研修期間は，学生が自ら課題を発見し，「主体性」「実行力」を高めるのに適切だったといえる。

　研修前には「しっかりと仕事ができるのだろうか」と不安を抱いていたAが，1ヵ月間の研修の成果としてあげた二つの項目に着目した。それらは，
① 業界の全体像を具体的に把握できるようになった。
② 書店営業を実際に行ったため，ビジネス上の人間関係の築き方を少しであるが学ぶことができた。ただし，ここでのインターンシップ経験は，人間関係や知識としては身についたものの，その業界に就くことがなければ意味が薄れるように思った。
である。

　研修期間中，Aは自分ひとりで書店営業を行い，新たに店舗を開拓するまでに至ったため，上記①②のようなコメントを述べていると考えられる。ただし，この学生のように目に見える成果をあげるためには，① 大学はインターンシップの準備段階から，学生が業界・企業研究を十分行うように指導する，② 企業は，学生に大きな仕事を任せる体制を整備する，の2点が必要となる。また，研修終了後には，「当該業界以外に成果を生かせない」と学生が考えないように，大学側が企業等の協力を得つつ，汎用性を持たせるべく指導や支援を継続していくべきである。

4 インターンシップの学びをどのように活かすか

(2) インターネット系企業でインターンシップを行ったB（3年女子）のケース

① 受入企業の業務内容：インターネットのコンテンツビジネス・サイト管理
② インターンシップの参加動機：携帯小説やインターネットに関する事業を行う企業に興味があった／夏休みを無駄に過ごさず就職活動に向けての気持ちの切り替えを行いたい
③ 応募方法：ゼミ担当教員の紹介
④ 実習期間：11日間　＊3年次の夏休み
⑤ 実習内容：社外・社内会議への参加，セミナー資料の作成，携帯小説の検証レポートの作成およびプレゼン，外部に向けたセミナーの運営支援

筆者の考察

Bは，専門的知識の向上と就職活動準備の両方の視点からインターンシップに参加した。特に若者に人気のあるサイトを運営している企業であったため，「憧れの企業での就業体験」ができたことにより，満足度が高くなっている。Bが研修の成果としてあげたことがらは，以下の2点である。

〈Bのコメント〉
① インターネットのサービスに関する知識を，就業体験から非常に多く得ることができた。
② インターンシップに参加したことにより，就職活動への切り替えができた。社会人と直接触れ合うことによって，自分も社会人になるという自覚が生まれた。

研修期間中，Bは，社内だけでなく社外での会議等に数多く参加する機会を得て，インターネット業界で現在生じている問題点などを多角的に把握できた。そのことが，上記のコメントにつながっていると考えられる。また，Bは，研修期間中，自分で検討課題を考え，さまざまな資料を読み込み，検証レポートを作成している。このことにより「考え抜く力」の向上に結びついている。

インターンシップ終了後，Bは，卒業研究のテーマをソーシャルメディアに関する内容に絞り，研修で学んだ内容を踏まえて調査分析を行った。またBは，インターネット系ベンチャー企業に内定を得ている。インターンシップに参加したことにより，自分の興味・関心を明確にし，研究を深めたことで，自分の適性に合った進路選択につながったといえる。

> ソーシャルメディア　人と人のつながりをウェブ上で提供するサービス全般を指し，Facebook．Twitterなどが有名。

(3) CM制作会社でインターンシップを行ったC（3年女子）のケース

① 受入企業の業務内容：TVのCM，プロモーションビデオ，Webムービーの企画制作
② 参加動機：就職活動の前に，企業内の様子を見てみたかった／インターンの経験を生かして，自分に合った会社の雰囲気も見つけられるのではないかと思った／制作会社の仕事に興味があった
③ 応募方法：ゼミ担当教員の紹介
④ 実習期間：10日間　＊3年次の夏休み
⑤ 実習内容：スタンドイン（撮影日）および新CMの編集作業見学，エキストラ出演，出演者への飲食物の提供，書籍整理・倉庫整理，若手社員とのディスカッションなど

Cは，就職活動への準備が主な参加動機であった。「撮影に参加できたり，まだ世に出ていないCMの編集作業を見学できたりと，とても貴重な体験ができた」と感想を述べており，Bと同様，憧れの業界でインターンシッ

<table>
<tr><td rowspan="2">筆者の考察</td><td>プを体験したことが満足度の高さにつながっている。
　しかしながら，実際に行った仕事は，エキストラ出演や出演者への飲食物の提供といった，「雑用」的な仕事が中心であった。したがって，専門的スキルの向上という観点からみると効果は限定的と思われる。だが，現場では「飲食物の提供」といった下支えともいえる仕事が不可欠である。おのおのの嗜好を把握し，提供するタイミングをはかるなど，どの仕事も企業の業務には欠かせない，ということを理解したと思われる。
　また，Cは研修の成果として「インターンに参加するまでは，制作会社に単純に興味や憧れがあったが，実際に参加してみて自分が将来的にやりたい仕事とは違うと気づいた。就職活動を進める前に気づくことができてよかった」ということをあげている。
　Cは，メディアとは全く関係のない企業に内定しており，インターンシップ先と就職先との業務内容に直接の関係はみられない。だが，上記のコメントからみて，インターンシップの経験をとおして，企業の実際を知り，自分の適性の発見につながったと考えられる。</td></tr>
</table>

(4)　地方大手新聞社でインターンシップを行ったD（3年女子）のケース

① 受入企業の業務内容：地域に向けた新聞発行
② 参加動機：新聞記者志望／紙面やホームページからではわからない，社内から新聞社を知りたい／選考をとおして作文の実力を把握したい
③ 応募方法：公募（エントリーシートによる選考）
④ 実習期間：1日間　＊3年次の夏休み
⑤ 実習内容：若手記者との懇談会，企業概要説明，模擬記者会見と記事作成，会社見学，模擬記者会見で提出した記事の総評，エントリーシート添削

<table>
<tr><td rowspan="2">筆者の考察</td><td>　Dの研修期間は1日のみであるが，活動はインターンシップ前後におよんでいる。元々新聞記者志望であったDは，1年次からキャリア形成を考え，地方でのインターンシップに必要となる旅費を貯金した。エントリーシートの作成段階では，「なぜ自分が新聞社でインターンシップをしたいのか」「新聞と自分はどのように関わってきたのか」について考え抜き，自分を見つめ直す機会につなげていった。
　さらに，新聞社が遠方のため，飛行機や電車など交通網の確認を念入りに行い，最も安く行ける方法を検討した。また当日，若手新聞記者との懇談会が行われたことで，記者の活動の実際の様子を想像し，それを自分に置き換えるという疑似体験をすることができた。
　研修終了後には，実際の記者が添削した自分の記事を繰り返し読み込み，振り返りを行った。実際のインターンシップは1日であったが，1年次から自分のキャリアを考えるなか，アルバイト等で旅費を貯め，インターンシップ終了後自己の振り返りを行ったことで，「前に踏み出す力」「考え抜く力」の向上に結びついている。
　Dのケースは，ワンデーインターンシップである。通常，ワンデーインターンシップは説明会程度で終了してしまうものが少なくない。とはいえ，参加に値するプログラムがないわけではない。学生は，このような工夫されたプログラムに参加し，準備段階から研修期間終了後まで継続して取り組むことで成果をあげることができる。</td></tr>
</table>

4　インターンシップの学びをどのように活かすか

　ここまでみてきたように，インターンシップの期間や内容は一様ではなく，近年は一層多様化の傾向が見られる。しかしながら，自ら率先して取り組むことにより，どのような職場でも通用する「主体性」「実行力」の向上をはかることができる。これらは業種・職種を問わず，社会に出てから必要となる力である。短期間のインターンシップでは専門的知識やスキルの向上をはかるには限界があるが，企業等でインターンシップのプログラム開発に力を注いでいるところは次第に増えてきている。学生の取り組み方次第で，社会に通用する力を身につけることが可能である。

　とはいえ，社会人基礎力は，インターンシップに受動的に参加するだけでは身につかない。インターンシップは「参加して終わり」ではなく，準備段階から自分のキャリアを考え，目的意識を持って取り組むことが肝要である。

　最後に，インターンシップの準備段階から終了後までどのようなことを意識するとよいか，整理しておく。

研修開始前
① 自分はそのインターンシップをなぜやりたいのか
　　関連する社会人基礎力：主体性，実行力
② やりたいインターンシップは，自分がこれまで学んできたこととどのように関連しているのか
　　関連する社会人基礎力：主体性，課題発見力
③ 自分が参加するインターンシップ受入企業は業界においてどのような位置づけにあるのか。また，その業界はどのような環境におかれているのか，などの分析
　　関連する社会人基礎力：主体性，課題発見力

研修期間中
④ 与えられる仕事を待つのではなく，周りに働きかけて自分の仕事を探す
　　関連する社会人基礎力：主体性，課題発見力，働きかけ力，情況把握力
⑤ 補助的業務であっても嫌がらず，周りの人と連携して積極的に取り組む
　　関連する社会人基礎力：主体性，実行力，柔軟性，規律性
⑥ 仕事は内容にかかわらず，途中で投げ出さず最後まで取り組む
　　関連する社会人基礎力：主体性，計画力，柔軟性，ストレスコントロール力

研修終了後

⑦ インターンシップで学んだ専門的知識やスキルを振り返り，ゼミの学習や卒業研究（論文）に活用する

　　関連する社会人基礎力：課題発見力，計画力，創造力

⑧ インターンシップ中に担当者等から指摘された注意事項などを振り返り，自分の強みや弱みなどを整理する

　　関連する社会人基礎力：課題発見力

⑨ ①〜⑧をとおして，「働く意味」を見つめ直し，進路選択に活用する

　　関連する社会人基礎力：主体性，働きかけ力，実行力，課題発見力，計画力，創造力，発信力，傾聴力，柔軟性，情況把握力，規律性，ストレスコントロール力

　この章では，メディア系企業の実例を中心に述べてきた。だが，取り上げた事例において学生が身につけた力は，どのような業種・職種にもあてはまることがらである。インターンシップに参加するだけで終わらせるのではなく，できれば入学直後からキャリア育成の場として捉えて，大学生活を送るようにしたい。インターンシップは，自分がどのような力を伸ばしたいのか考えたうえで参加し，振り返りを行うことで得られる効果がいっそう高まると考えられる。

（牛山　佳菜代）

参考・引用文献

石田宏之（2007）「大学におけるインターンシップ実施内容」（高良和武監修『インターンシップとキャリア』学文社　所収）

マクロミル「インターンシップ制度に関する調査」2007年

中小企業庁『中小企業白書』（2009年度版）

社会人基礎力net（https://www.kisoryoku.net/societygym/societygym01.html）

経済産業省「インターンシップにおける社会人基礎力の実践的活用に関する調査」平成19年3月

経済産業省「大学生の『社会人観』の把握と『社会人基礎力』の認知度向上実証に関する調査」平成22年6月

日経HRプレスリリース「人気企業の採用活動に関するアンケート調査結果」（2010年4月14日付）

5　フランスのインターンシップ制度

　フランスでは，インターンシップ（以下，研修）は就職採用活動と密接に結びついているが，多くの若者は，学校卒業から10年近くを経てようやく一般に安定雇用と考えられる無期限の労働契約を締結するという状況である。その間，彼らは研修や短期間の有期労働契約，失業給付を受給できない失業等を経験するなど，非常に不安定な立場におかれている。

　2000年には，就業参入と企業等の国際開発を支援するため，民間役務志願制度が導入された。

　従来，企業等は，労働者を採用するよりも研修生を活用し，低い賃金で人材を雇う傾向にあった。企業等のこうした濫用を防ぐため，企業等における学生の研修が2006年，機会均等法によって明文化された。

　2006年以降，大学生の研修（stage）の背景は大きく変化した。機会均等法により，企業における研修の規制が導入された結果，学生に対する企業および高等教育の責任と義務が強化された。同法律によって協定（契約，覚書）の締結が必要となった。また，2010年からは研修の内容は教育課程との関連性が求められるようになった。研修期間が連続して2ヵ月を超える場合，報酬の支払義務が生じる。

　法令の対象となる研修は，学生および16歳未満の若年者に必須である。後者は，2005年の教育基本法と基本計画の改定による。

1　企業における大学生のインターシップ制度

1.1　機会均等法と研修の原則

2006年3月31日に可決された機会均等法の第9条（Loi #2006-396 du 31 mars 2006 modifiée pour l'égalité de chances）は，研修の基本原則を次のようにあげる。

① 　研修生，教育機関および企業の三者は，研修協定を結ばなければならない。

② 　研修期間が2ヵ月を超えるものに対し，報酬を支払わなければならない。

③ 　教育課程により研修期間は異なるが，期間更新は6ヵ月に限る。

　本法律は，企業における高等教育機関の学生が従事するすべての研修を対象としている。企業以外，財団法人，公的機関，公共企業等での研修も適用

の対象となる。ただし，労働法が定める特定の継続職業訓練と労働法と教育法典が定める16歳未満の少年の研修および現場体験は対象外となる。

フランスでは研修生に支払われる報酬は，「職際全国協定」と特定の産業部門を対象として締結される全国レベルの「部門別協約」で定められる場合がある。報酬は，それらの労働協約に定められない場合は，デクレにより，原則として時給は22ユーロ（約2,400円）と決められている。報酬は毎月支払われる。交通費，宿泊費，現物支給等は報酬とは別に支払われる。研修期間が2ヵ月を超えない場合，報酬の支払いは不要である。支給報酬は非課税であり，社会保障拠出金と社会債務返済拠出金の徴収対象とならない。

1.2 企業における大学生のインターンシップ憲章

企業等における大学生のインターシップ憲章は，2006年4月26日，主要経営者団体，学生組合，高等教育機関の三者により作成され，機会均等法を補完するものである。

憲章は，対象となる研修は大学等で学習と職業意識の向上を目指すことと位置づけ，企業と学生と教育機関それぞれの役割と義務について詳細に説明している。憲章は，3つの原則をあげる。それらは次のとおりである。

① 研修期間中の監督。企業の指導者と教育機関の担当教授両方の監督が義務づけられる。
② 標準協定への署名。大学生と企業および教育機関の三者が署名する。
③ 研修の評価方法と支援強化の整備。教育機関は，研修評価報告書に基づき定期的に研修施策の評価を行政機関と研修委員会に報告する。行政機関は，教育機関が報告した情報を元に統計を作成する。

企業における大学生のインターシップ憲章の内容は，以下のとおりである。

前　提　就職指導と雇用参入は学生の研修と密接に結びついている。研修によって，学生は習得した知識を就労の場で実践できるため，企業の業務を学びながら経験を重ねる機会となる。こうした理由からも，研修は教育課程との関連性が必須である。ただし，研修は労働契約ではない。

研修の範囲と定義　憲章の対象は，企業等におけるすべての研修となる。

研修は，学生の教育課程と関連するものでなければならない。

研修の目的は，次の2点である。
① 習得した知識や技術を就労現場で実践する。
② 高等教育から企業への参入を円滑に行う。

研修の監督項目は，次の3点である。
① 研修計画の文書化

研修準備は，教育機関の教授と企業の代表と当該学生が協調して行う。研修の計画は研修協定によって文書化され，三者が署名する。

職際全国協定　複数の職業・産業を対象として全国レベルで締結される労働協定。

デクレ　フランス語のデクレ"décret"は日本語の「政令」にあたり，"loi：法律"とは異なり，国民議会や上院での審議を通す必要がない。デクレの制定権は首相に属していて大統領が署名することになっているが，大統領が直接デクレを定めることも少なくない。

② 研修の協定

協定は，三者（学生，企業，教育機関）の義務を定める。必須事項は，企業における研修の憲章を参照する。

③ 研修期間

研修実施前の早期に企業と教育機関は合意し，その結果は学生に伝えられる。研修期間は研修協定に明確に記載される。

研修の監督者は，教育機関の教授と企業の担当者である。研修の内容とカリキュラムの整合性は，教育機関の教授が監督する。企業と教育機関は，相互に監督責任の重要性を認識する。

次に，研修の評価として2点あげる。

① 研修生の評価

研修生の活動は，企業の担当者と教育機関の教授によって評価される。研修科目の単位は教育機関において定められている。評価方法と基準は，研修の協定に明確に記載されている。評価の結果は報告書に記載され，教育機関がこの評価報告書を保管する。

② 研修の評価

学生，教育機関の教授および企業の指導者は，研修自体を評価しなければならない。

研修に関する義務は，以下のとおりである。

(1) 企業等に対する学生の義務

① 与えられた作業を規則正しく実施する。
② 企業の社内規定と倫理に従う。
③ 企業が定めた機密条件に従う。
④ 必要な場合には研修報告書を作成する。報告書を提出する前に企業の担当者に提示ないし発表する。

(2) 学生に対する企業の義務

教育機関の教育課程と関連する研修を提供することが基本である。

① 学生を受け入れ，与えた作業に対し，十分な支援を提供する。
② 担当者（指導者）を指名し，担当者は研修者を教育的に支援する。

内容には以下のことがある。

学生に助言したり相談に応じたりする／企業の社内規定と倫理について説明する／企業への参入支援および必要な情報へのアクセスを提供する／学生が必要な知識と能力を取得するための支援を行う／定期的に学生に与えた業務を監督する／学生が実施した業務内容を評価する／就業指導をする／研修遂行証明書を発行する。

(3) 学生に対する教育機関の義務
① 研修目的を設定する。
② 研修先を探すことを支援する。
③ 研修準備を支援する。
④ 研修従事期間中，研修は順調に行われているかを監督する。
⑤ 研修報告書が教育機関に提出が求められている場合，または企業での報告会がある場合には，報告書の作成や報告会に関する指導を行う。

(4) 企業と教育機関の義務
研修の期間または中間前後に必要な情報を交換する。情報交換にあたっては，相互の倫理規定と機密規定に準じる。

(5) 教育機関に対する学生の義務
学生は研修の性質（評価）に関して教育機関に報告する。

インターンシップの実践ガイドとして，企業等における研修の憲章を補完する資料が行政機関，企業の代表，高等教育機関と学生組合の代表者によって作成され，2006年4月26日に合意の署名が行われた。ガイドの構成は3つに分かれ，企業，学生および教育機関向けの情報として，具体的なアドバイス，標準研修協定の条件，企業・学生・教育機関それぞれの義務の説明と社会保障の条件などが明記されている。海外で研修したい学生に必要な情報も記載されている。

1.3 企業における研修協定

標準協定の条件は法令（2006年8月29日）に明記され，次の11条件を定める必要があるとしている。

① 研修実施期間における作業の設定
② 実施期間，開始日と最終日の確定
③ 1週間の最大出勤時間。夜勤や日曜または祝日の出勤が必要であれば，これを表示する
④ 報酬金額と報酬支払方法
⑤ 経費の取り扱い，食事代，宿泊代および研修にかかわる費用
⑥ 社会保障の適用
⑦ 大学と企業両方の監督方法
⑧ 研修証明書の習得条件と，大学単位であればその取得条件
⑨ 研修の保留条件または協定の解約条件
⑩ 休みや休暇の条件
⑪ 社内規則や規定

雛形となる標準協定が使われない場合，新規に作成する研修協定は以上の11条件を踏まえる必要がある。研修協定には"企業における大学生のイン

ターシップ憲章"を添付しなければならない。研修が始まる前に契約し，三者が署名する。

1.4　大学の職業進路指導と職業参入活動

2008年以前には，大学や大学院等が学生や院生等（以下，学生等）に職業進路指導に関する特別なアドバイスを行うようなことはなかった。ほとんどの場合，学生自らが企業のホームページや経済誌などが掲載する高等教育修了（予定）者向けのリクルート特集などから情報を収集し，応募活動を行っていた。

一方，グランゼコールは，理系（Ecole d'ingénieur），文系（Ecole de commerce et de gestion）とも企業とのパートナーシップが強く，卒業後直ちに企業の戦力となる優秀な人材の育成が最大の目的である。高等専門教育機関において企業研修を必修とするなど，実務を重視したカリキュラムが組まれている。

「大学と雇用」という問題に取り組む意向を示すため，2006年，政府は国民教育・高等教育・研究省下に，「大学と雇用に関する全国討論委員会」を設置した。労働市場への参入という観点からみた大学における教育の質，資格の価値，職業と資格との関連性を現在の高等教育制度が抱える大きな課題ととらえている。「大学と雇用を結びつける」ための今後の方針の主な内容は以下のとおりである。

① 大学での雇用・研修・キャリアに関するサービスを実施する。
② 高等学校における進路指導活動を強化する。
③ 一般教養課程（大学1〜2年次）の全学生に対し，「職業関連単位」の履修を義務化し，大学教育における「職業重視」を促進する。
④ 一般教養学士レベル（大学2年次で取得可能）の者のために，企業，特に中小企業における大学資格保持者の採用の奨励や，学業とパートタイム労働が両立できる体制を整備し，大学と労働との密接な関係を構築する。
⑤ 企業等や大学等が共同で職業指導および就職に関するデータベース（求職状況，企業等が求める職業資格や能力指標）を構築・設置し，産学連携体制を強化する。
⑥ 学生の職業能力の習得に必要な教育を担当する教員に対する評価を見直すなど，大学教育制度全体の進展をはかる。

大学の自由と責任に関する法律は，

> グランゼコール　フランス語でGrandes Ecoles：フランス独自の高等専門教育機関を示す。フランスの高等教育機関はグランゼコールと大学に分かれる。大学に進学する場合バカロレア試験を受験する必要がある。一方グランゼコールに進学するため，入学試験に合格する必要がある。現在200校ほどある。主なグランゼコールは理工系と文系である。

表5.1　職業参入推進室の目的と対策

目　的	対　策
研修の受入先の募集	ウェブサイトの作成
研修の受入先の募集の公開	募集のデータベースの定期的な更新
	履歴書のデータベースの作成
教育機関の研修政策の構築を支援	教育職員への情報提供と研修
	研修計画の整備
	教育機関の教育課程，研修期間また学生の能力の企業への情報提供
研修の管理（品質管理を含む）	研修のデータベース作成
	企業における研修の憲章の告知
研修政策の評価の実施	研修政策の報告書の作成
	情報公開の手続きの確定
	情報システムとインターネットを利用

2007年8月10日に可決された。これは，大学の法的な位置づけの変化を示すもので，あげられた役割のなかでは職業進路指導と職業参入が重視されている。同法によって，大学等は職業参入推進室を措置した。研修の推進と支援の役割を果たすという目的とそのための対策が推進されている。

1.5 行政機関の役割

大学生の研修に対する行政機関の役割も重視されるようになった。たとえば，研修の分析と調査を行うことがあげられる。現在，フランスで企業における研修の正確な情報は行政機関に収集されておらず，統計などはない。

フランス国立統計経済研究所の労働調査によると研修生は年間16万人だが，経済社会評議会の研究によると研修生は80万人と推定された。企業における研修の状況を分析・調査するために，教育機関は報告書などを行政機関に報告する制度が整備された。

また違法労働対策計画により，企業における学生研修の実施条件は労働監督の調査の対象となる。

2 大学以外の学校のインターンシップ制度

2.1 学校制度

義務教育の年限は，6歳から16歳までの10年間である。6歳から11歳までの5年間は小学校（Ecole，エコール）で初等教育を受け，その後中等教育に進む。中等教育には前期（11歳から15歳までの4年間）と後期（15歳から18歳までの3年間）がある。前期課程は中学校（Collège，コレージュ）といわれ，ここでの4年間の観察や進路指導の結果に基づき後期課程への振り分けが行われる。生徒は，高校（Lycée，リセ）または職業教育リセで後期中等教育を受け，その後，進学を希望する者は高等教育機関で学ぶ。

高等教育は，グランゼコール（Grandes écoles，高等専門学校）・リセ付設のグランゼコール準備級等国立大学・私立大学により行われる。これら，高等教育機関への入学には，中等教育修了と高等教育入学資格をあわせて認定する国家資格（Baccalauréat，バカロレア）取得試験に合格していることが条件となる。

2.2 職業教育

中等教育の後期課程は，普通教育および技術教育を行うリセ（3年制）と，職業教育を行う職業リセ（2～4年制）で行われる。職業リセでは，主に就職希望者を対象に，職業資格の取得を目的とする教育が行われ，2年制の課程修了時に受ける国家試験に合格すれば，「職業適格証」（Certificat d'Aptitude Professionnelle）と「職業教育免状」（Brevet d'Etudes Professionnelles）を取得できる。職業バカロレア取得を目指す場合は，さらに2年制の課程に進学

フランスの人口は6,582万人（2014年1月1日，仏国立統計経済研究所），2008年から2009年にかけて高等教育機関に在籍した者223万2,000人・在日フランス大使館ホームページ2015年3月6日閲覧。

バカロレア（高等教育資格）高等学校卒業時に行われるフランスの全国共通卒業試験である。一般バカロレアは受験科目によって，理系，文系，経済・社会と分かれている。2009年度の合格率は88.9%であった。

職業適格証（CAP）と職業教育免状（BEP）は若年者への職業別の初歩的な職業訓練で与えられる免状である。CAPは特定の職業の訓練（調理師，整備士，理容師）などである。それに対してBEPは特定の業界向けの職業訓練（農業，ホテル業界）などである。

する。

　職業教育課程における企業での研修期間については，1989年に制定された教育基本法によりすでに義務づけられていたが，1997年5月9日付通達により，具体的な実施方法が定められた。企業側の協力もあり，「交互教育」による企業での実習を受ける生徒数は増加している。

　フランス政府は，産学連携を強化するように中等教育の後期課程における「交互教育」（formation en alternance）の充実をはかっている。学校での教育と職場での訓練を交互に行うことにより，実際の現場で必要な能力を身につけさせ，若年者の能力の向上と就職を促進する目的がある。企業での実習期間は，職業リセのCAP取得課程（2年間）で年間16週間，職業バカロレア取得課程（CAP後2年間）で年間9週間とされている。

> **交互教育**　教育機関における倫理教育と，企業の実習を組み合わせた制度である。

2.3　中学校での進路指導の強化と未成年の研修制度

　2005年にフランスの教育基本法と基本計画が改定され，"学校の将来のための基本計画法"が制定された。この法律は教育の原理原則に加え，教育の中長期目標と学校教育に関する規定を含むものである。計画法は，学校の役割を明記し，生徒の進路指導を含む。

　中学校では，将来どのような職業に就きたいのか，また，どの分野で学業を続けるのかについて進路指導が行われている。4年次で，週3時間の自由選択科目である職業体験（découverte professionnelle）をとおして，生徒はさまざまな職業を知り，その職業に就く方法を考えることができる。ほかに，職業高等学校（Lycée Professionnelle），農業教育機関，見習技能者養成センター（Centre de formation d'apprentis）への見学なども行われている。

　中学校と高等学校の進路指導において，進路指導情報センター（Centre d'information et d'Orientation）も重要な役割を果たす。職業と資格化の多様性で，進路指導心理顧問の採用と役割が重視されるようになった。

　2005年からは職場見学，現場体験（Séquence d'observation en milieu professionnel）が導入された。対象者は中学校の4年次いわゆる16歳以下の若年者で，こうした中学生への研修は中学校の義務となっている。目的は，教育の枠組みにおいて，教育課程と関連し，中学生に経済的環境を体験させ，必要な技術，職業観を育成することである。

3　海外のインターンシップ制度

3.1　民間役務志願制度

　フランスには，自国企業の国際開発と若年者の雇用を促進するために，民間役務志願制度がある。1997年10月まで男性には兵役義務があったが，徴兵に代替する形で，民間役務志願制度が導入された。そのなかに，社会的活

動組織を対象とする制度や若年者の職業訓練を目的とする制度が創設された。

(1) 制度の活用

フランス国外での民間役務志願（国外役務志願；volontariat international）は，フランス籍企業の国外事業所・子会社等で活動する場合（volontariat international en entreprise，以下 VIE）と，在外フランス大使館・領事館，派遣対象国の政府等の公的機関で活動する場合（volontariat international en administration 以下 VIA）とがある。非政府組織や国際人道活動組も，一定の条件下で国外役務志願を採用することが認められている。

現在の形の VIE 制度は 2000 年に創設された。それ以降，1 万 7,500 人の若年者が 130 ヵ国以上の国や地域に派遣され，受け入れた企業は 2,283 社にのぼる。2001 年に VIE を受け入れた企業の 44％は中小企業であるのに対して，2007 年に 61％まで上った。対象となるのは，18～28 歳の若年者（男子）である。派遣期間は，6 ヵ月から 24 ヵ月である。派遣期間 1 回につき，最大 24 ヵ月まで更新することができるが，平均期間は 17 ヵ月である。派遣の 30％は女性である。

① 応募の過程

研修希望者は，まず国外役務志願情報センター（Centre d'Information sur le Volontariat International，以下 CIVI）に履歴書等を登録する。CIVI は受理した公募情報を公開するのみであり，具体的な職務斡旋は行わない。VIE としての活動を希望する登録者は，CIVI が公開する情報のほか，登録者自身で情報を収集して受入機関を探す。受入機関となる企業は，事前または個別登録者との採用の合意後に，企業国際開発局（UBIFRANCE）による認可を得なければならない。

国民役務法典改正にしたがい，欧州連合構成国および欧州経済圏条約加盟国出身者は，フランス国民と同一の年齢要件において役務志願をすることができるようになった。

② 報酬と保険

VIE は大臣の権限下におかれ，公法上の規範と適用について，定められた法令や決定に服する。受入企業は，社会保険の支払いが免状される。受入企業の負担になるのは報酬，派遣管理費および派遣先の国までと帰国の出張費だけである。派遣された研修生は，企業の従業員とみなされていない。支給手当は非課税であり，社会保障拠出金と社会債務返済拠出金の徴収対象とならない。

国内での民間役務志願者は，毎月，報酬として定額を受給できる。この手当ては，社会保障拠出金・所得税の徴収対象にならない。VIE も VIA も，定額部分と派遣国および各人の終了課程の程度に応じた加算部分で構成され

表5.2 売上別受入企業と VIE

売上（万ユーロ）	企業	VIE
<5,000（中小企業）	62%	26%
[5,000～20,000]	16%	11%
>20,000	22%	63%
合　計	100%	100%

表5.3 派遣者数と受入企業

年	2002	2003	2004	2005	2006	2007	2008
人	2,085	2,290	2,694	3,512	4,490	5,436	5,665
企業	406	434	527	721	1,034	1,199	1,217

表5.4 産業別受入企業

産業・業界	人
銀行	1,002
自動車，二輪車生産	699
物流	240
公共建設（道路，鉄道などの建設）	208
法律，税務と会計監査サービス	205
陸上運送	174
航空宇宙産業	163
製薬	156
電気通信	149
水事業全般	147

表5.5 登録者の外国語能力

外国語	中級	上級	流暢	合計
英語	23,173	5,811	159	29,143
スペイン語	5,914	2,217	319	8,450
ドイツ語	2,241	542	184	2,967
イタリア語	889	413	177	1,479
アラビア語	319	278	435	1,032
中国語	281	68	140	489
ロシア語	117	46	32	195
日本語	139	26	12	177
合　計	33,073	9,401	1,458	43,932

表5.6 2008年2月現在の登録者のプロファイル

	人	%
学生	12,722	33
卒業生	11,121	29
就職者	8,761	23
求職者	4,789	13
その他	819	2

表5.7 登録者の年齢別

	人	%
18～20歳	235	0.6
21～24歳	13,156	34.4
25～28歳	24,820	65.0

表5.8 登録者の学年別

	人	%
大学5年次～	27,640	72.3
大学3，4年次	7,969	20.9
大学2年次	1,943	5.1
高校卒業生	483	1.3
その他	176	0.4

る手当が毎月固定額で支給される。その額は法令により定められる。

　従事期間中は，疾病，障害，出産について一般制度上の現物給付を受け，活動中の事故・疾病は労災給付の対象となる。これらの社会保障給付は，受入機関が負担する拠出金により補塡される。

(2)　企業のメリット

　企業は従業員を海外に転勤させると現地採用の3倍の人権費がかかる，といわれているが，VIEを利用すると人権費を抑えることができる。たとえば，アフリカに派遣されるVIEのコストは月1,550ユーロ（約17万円）で，ニューヨークの場合は3,000ユーロ（約33万円）であった。

　また，VIEを利用する企業には地方自治体から補助金の給付があり，海外市場調査を行う中小企業は税金控除が受けられる。

3.2　制度活用の状況

　近年，VIEやVIAを活用している企業は増加傾向にある。企業の63％は，年間売上げ5,000万ユーロ以下の中小企業である。

　2008年の派遣先の地域は，1位がヨーロッパ（41％），2位がアジア

(22%),3位は北米(15%),4位アフリカ(13%),6位南米(5%),7位中東(4%),であった。派遣国は,アメリカ(754人),中国(646人),イギリス,ドイツ,ベルギー,日本,ルーマニア,イタリア,モロッコとスペインであった。2004年以降,中国に派遣される人数は伸びている。

フランス企業の海外発展を支えるために,外国語能力は必須とされる。企業国際開発局が管理している登録者の履歴書のデータベースには,32ヵ国語が記録されている。表5.5のほか,韓国語,ポルトガル語,トルコ語,ベトナム語などに習熟した候補者が登録されている。

国外役務志願情報センターに登録した希望者は,ビジネススクールの学生は26.3%,大学院(Master,大学5年次)は23%,理工系専門教育機関の学生は18.5%などであった。

3.3 インターンシップと採用

企業国際開発局が2005年に行った調査によると,2001年から2004年の間に70%のVIEは受入先企業から採用提案を受けた。そのなかの61%は海外拠点での採用であったが,39%は国内での採用であった。採用提案を受けた68%は受諾し,そのうち現在45%が海外で活動をしている。

受諾しなかった者(32%)は,次の理由であった。

1位 興味はなかった(43%),2位 報酬の不足(32%),3位 出世の機会がない(24%),4位 フランスとの距離(13%),5位 勉強を続けたい(13%)である。

VIEを活用することでより早く仕事を見つけることができ,派遣期間終了直後に60%が採用されている。1ヵ月後は9%,1ヵ月〜3ヵ月は19%,3ヵ月以上は12%であった。また,60%以上は従業員500人以上の企業に勤めている,という結果であった。2008年現在の職務分野は,生産・工学(17%),金融・財務・管理会計(16%),営業(11%),コンサルタントと監査(10%),マーケティングとコミュニケーション(9%)であった。

4 海外または外資系でのインターンシップで知っておくべきこと
4.1 企業が求めているプロファイル

外資系や外国における企業インターンシップは,ほとんどの場合,参加型ではなく就職型である。学生は,社会人として意識を切り替えることが大事である。日本企業と違い,外国企業は研修生に新入社員と同じ業務を求めていることは珍しくない。ただ指示を待って働く人ではなく,成熟している人または自立していて自ら仕事を生み出す人を優先的に選ぶ。

4.2 応募書類の作成

(1) カバーレター

近年，日本でもカバーレターを履歴書とともに送付する傾向がみられるが，欧米では必ず履歴書に添える。このカバーレターは，"Motivation Letter"といい，いわゆる志望動機をあらわす"手紙"のことである。こうした手紙で，仕事ができる印象を相手に与える。企業の研修担当が履歴書を読みたくなるような，アピールするカバーレターを書くことが大事である。一般に，カバーレターには次のようなことを書く。

① なぜその企業で研修したいと考えているのか。その理由を明確にする。
② どのような専門知識や技術を大学等で取得したのか。自分の能力を知らせる。
③ 研修生としてどのように企業に貢献できるか。
④ ビジョン（Vision：将来の目標や計画）を伝える。

卒業後どのような仕事を希望しているか，また求めている研修とどういうふうに結びつけたいかなどについて書くことで，研修生はやる気や動機を伝えることができる。初めて研修に応募する学生は労働経験が浅いので，カバーレターは自己PRの重要な方法となる。

カバーレターの内容を調整するためにも，企業等や業界情報の研究は不可欠である。応募先企業のホームページを確認したりパンフレットなどを熟読したりしてから，手紙を作成することが望ましい。

(2) 履歴書

外国では，日本の履歴書のように決められた用紙に手書きで書くのではなく，必ず自身でパソコンで作成する。レイアウトは自由だが，読みやすくみやすいことが重要である。体裁を整えた書類は，みてもらうだけでなく最後まで読んでもらえる確率が高くなる。

4.3 面接時のセールスポイント

研修の面接は，ほとんどの場合，採用面接や就職活動と同様に行われる。したがって，事前の準備が必要である。自分の長所，希望また自己主張などは，明快に述べることが重要である。

面接官は，履歴書やカバーレターなどをみて学生の学歴や研修経験を把握している。面接では，自己PRいわゆる自分を売り込むことが大事である。それらは，次のこととなる。

① 自分は何をしたいのか
② 将来の目標
③ 自分の持っている能力や資格
④ 自分の短所と長所。長所になりうる部分をさりげなくアピール

質問は応募者の資質や学歴に限らない。面接時に学生の能力を評価するため，いきなり研修の作業に関する具体的な質問をするケースが多い。

たとえば，フランスの大手化粧品会社の面接官は，マーケティング部門の研修に応募した学生に次のような質問をするであろう。

「このシャンプーを日本で発売するには，どうすればいいのでしょうか。販売計画，販売価格，物流，梱包の色などはどうすればいいのでしょうか。15分で計画を立ててみてください」

また，経理部門における研修の面接では，次のような質問がされるであろう。

「商品を販売するときにはどのような会計仕訳を行うのでしょうか。国際会計基準の導入によって在庫の評価方法はどう変わるのでしょうか」

そのほか，研修先の企業やその業界の抱える課題，研修先のライバル企業などについての質問は普通に行われている。

研修の実践（学生 A～C の事例）

(1) A　売掛金回収管理―リスク管理アナリスト

大学 2 年次（経済学部経営学科）。初めての研修
① 企業の事業内容：モーターサイクル，スクーターなどを輸入しフランス全土に 100 以上ある代理店に販売
② 研修期間：1ヵ月
③ 上司は経理課長，売掛金回収管理課に 2 人の同僚
④ 研修時に与えられた作業：代理店の財務諸表を分析したうえで，いくらまでその代理店に販売できるか与信限度額を試算する／代理店が倒産するリスクを評価する／倒産するリスクが現実になった場合，どのようにして債権の回収ができるか，またどのようにして在庫を担保するかなどについて検討や提案を行う／営業部と会議し，代理店の経営状況を把握分析する／定期的に財務諸表の分析結果を作成し上司に提供する／代理店の支払いが遅れた場合に連絡を取る（電話，手紙，ファックス，E メールなど）
⑤ 研修時に必要とされたスキル
上述した研修を行うときには，さまざまな分野の知識や技術を実践する必要がある。次は，その一部である。
コミュニケーション能力　内部に対しては，上司や同僚に「報告・連絡・相談」をする。外部に対しては，代理店の店長に電話，手紙，E メールなどで連絡を取る機会が多いため，ビジネスマナーを身につけていることが必須となる。
コンピュータ能力　財務諸表の分析をするため，また報告書や会議の資料などを作成するために，Excel, Word, PowerPoint などの知識が必要である。
専門知識　財務会計，経営分析，会社法などの基本知識は必須である。

指導者の役割

この研修では，2 年次だった A が大学で習得した知識・技術と企業が求めていた知識や能力のギャップが大きかったため，指導者の役割が重要であった。学生の知識不足を埋めるため，指導者はプログラムを設計し，研修生

に毎日課題を与えたり，また専門分野についてメモの作成を求めたりした。たとえば，企業の民事再生，債権譲渡など。

(2) B ライセンス・マネジャーアシスタント

大学3年次（商学部会計財務税務学科・日本語学科）
① 企業はフランス法人。事業内容は，婦人服および雑貨などの企画・販売
② 研修期間：2ヵ月
③ 上司：ライセンス・マネジャー（日本担当），同僚ライセンス・マネジャー（ヨーロッパ担当）
④ 研修時に与えられた作業：受入企業は，日本企業とのライセンス契約に基づき衣類や小物の企画を提供する／日本企業は企画に基づいて衣類や小物を生産し，販売した商品に基づいてライセンス料をフランス企業に支払う／日本企業に商品の企画を日本語に翻訳し，提供する／商品の生産に関する必要な情報を日本語で提供する／日本市場に関する情報を集収する／日本企業が報告した売上げに対して，ライセンス料を計算し，請求書を作成する／ライセンス料の支払いは契約どおりに行われているかどうかを確認する
⑤ 研修時に必要とされたスキル
研修時，さまざまな分野の知識や技術を実践する必要がある。
コミュニケーション能力 外国語（日本語，英語）
コンピュータ能力 財務諸表の分析，報告書や会議の資料などを作成するためにExcel，WordやPowerPointなどの知識が必要である。
専門知識 契約内容を理解するため，法律の専門用語への知識が必須である。

(3) C 監査人

ビジネススクール3年次で研修の経験がある。前の研修先はフランスの建築事務所で，中国と韓国における市場調査を行った。
① 企業は日本の監査法人である。
② 研修期間：6ヵ月。研修を終えてから同社に契約社員として採用された。
③ 上司はフランス人，ほかに日本人とアメリカ人のマネジャーがいた。
④ 研修時に与えられた作業：日本の大手監査法人の外資系を担当する部門で監査業務に従事する／英語で監査調書を作成する／外資系の企業監査に参加し，日本人の監査チームのひとりとして監査計画に基づいて，監査手続きを実施する／調書をフランス語や英語で作成する／外資系の担当部門の収入と費用を毎月集計・分析し，上司に報告する／業界研究や調査を実施する。
研修時，さまざまな分野の専門知識や技術を実践する必要がある。必要とされたスキルは以下のものである。
コミュニケーション能力 内部では上司や同僚に「報告・連絡・相談」をする。また外部に対しては，電話，手紙やEメールなどをフランス語，日本語，英語で対応する。
コンピュータ能力 財務諸表の分析，報告書や会議の資料などを作成するためにExcel，WordやPowerPointなどの知識が不可欠である。
専門知識 財務会計，経営分析，会社法などの基本知識が必須である。

上司は，研修時ビジネススクールの4年次であったCに対し，財務会計や会計監査の知識を身につけさせるため，監査法人の新人研修の資料とフランス公認会計士試験の教科書に基づいて指導した。また定期的に調書のレビューをした。

これまでみてきたように，フランスのインターンシップは就職と密接に結びついている。学生は，それだけ真剣にならざるをえない。国内だけでなく，外国で自分を試そうとする学生は少なくない。インターンシップは自己のキャリアを飛躍させる手段であり，大いに活用されたい。

（モルガン・ショドゥレール）

参考文献

Ministère de l'enseignement et de la recherche supérieure, Rapport d'analyse des schémas directeurs de l'aide a l'insertion professionnelle, juin 2008.

Guide des stages: Convention type pour étudiants, charte des stages en entreprises ou dans un établissement public, Ministère de l'enseignement supérieur et de la recherche, mai 2010.

Contribution a la mise en œuvre de bureaux d'aide a l'insertion professionnelle dans les universités, Rapport a Madame la ministre de l'enseignement supérieur et de la recherche, Juin 2008.

Ouverture sur le monde des métiers, Ministère de l'éducation nationale, jeunesse, vie associative（www://eduscol.education.fr/cid50778/présentation（mis à jour le 06 juillet 2010）

Les stages étudiants en entreprise（dernière mise a jour le 30 août 2010）

Volontariat International en entreprise（V. I. E），Dossier de presse, avril 2008.

Discours de Valerie Pecresse, 10 septembre 2007.

フランスの高等教育制度と大学の設置形態（白鳥義彦，神戸大学）国立大学財務・経営センター刊行物，第13号（平成22年9月）「大学の設置形態に関する調査研究」

フランスにおける特殊教育の教育課程について（棟方哲弥），国立特殊教育総合研究所，刊行物，特教研D-291，平成22年3月

文部科学省「教育指標の国際比較平成16年版」国立印刷局，2004年

労働政策研究・研修機構―海外労働情報―特集―「フランス学校制度と職業教育」2004年12月

労働政策研究・研修機構―海外労働情報―特集―「大学と雇用の関係」のあり方を見直す動き2006年12月

「2004年～2005年海外情勢報告」諸外国における若年者雇用・能力開発対策（要約版）厚生労働省大臣官房国際課，厚生労働省

Projet de loi de finance pour 2009: Enseignement scolaire; Avis numéro 100（2008-2009）de M. Jean-Claude Carle, Mmes Francoise FERAT et Brigitte GONTHIER-MAURIN, fait au nom de la commission des affaires culturelles, déposé le 20 novembre 2008, Sénat.

Les stages étudiants en entreprise, Ministère du Travail, de l'Emploi et de la Santé, Ministère des Solidarités et de la Cohésion Sociale. Dernière mise à jour 30 août 2010.

L'insertion professionnelle au cœur de la reforme de l'université, Communiques, mercredi 8 octobre 2008, Ministère de l'enseignement supérieur et de la recherche

Commission du débat national Université-Emploi, [De l'université à l'emploi] rapport final, par Patrick Hertzel remis à Dominique de Villepin (24 octobre 2006), Ministère de l'enseignement supérieur et de la recherche.

6 メンタルヘルス支援の必要性
― インターンシップの成果をより高めるために ―

　学生のメンタルヘルスは，社会や学生気質の変化等と相まって，1960年代以降，研究が活発化した。若者の社会的不適応状態は，IT化，国際化，情報化が加速するなか，多様化，広範化，複雑化が進んでいる。

　本章では，教育機関や組織・企業等（以下，企業等）でメンタルヘルスが注目されていることを踏まえ，インターンシップに参加する学生に対するメンタルヘルス支援の必要性と取り組みの重要性について述べる。

1　問題意識

1.1　大学生は"おとな"か

　学生の健康管理は学生自身が管理するもの，といえたのは，「学生はおとなとみなす」という社会通念が通用した時代のものである。日本は，高度経済成長期（1955〜1973）には進学率が向上し，知の大衆化が進み，それにつれて学生の精神衛生上の問題が指摘されるようになった。留年が増えたほか，無気力・無関心を主症状とする独特の症状群が「スチューデント・アパシー」（Student Apathy）として人口に膾炙するようになった。

　今日，キャンパスでは，「おとな」とみなしたくともそうできない学生の生態が日常茶飯的な光景となっている。振る舞いが幼稚で精神的にひ弱な，というだけでなく，社会常識が身についておらず安易な特権意識を振りかざしたりする態度がある。「学生は大目に見てもらえる」「学生だから許してもらえる」など，意味のとおらない甘えが通用すると勘違いする態度がある。基本的な生活習慣が身についておらず，体力，学力，行動力などが不安視される学生への指導や対応が大学の急務となっている。

　今や，多くの高等教育機関（以下，大学等）が学生の学力低下の現実に直面しており，それへの対策を講じることを余儀なくされているのは周知のとおりである。それとともに，社会や他人に不信を募らせ自分の殻に閉じこもる学生や，精神的脆弱さが目立つ学生への対応に追われている。

　筆者の勤務先では，毎年，新入生に健康アンケートを実施している。なかには経過観察が必要な学生もいる。近年，心身の健康に問題や不安を抱えて

メンタルヘルス　「精神保健，心の健康管理，心の健康」などのこと。体の健康管理に比較すると，心の健康管理の必要性や重要性への認識はまだまだ低い点が否めない。「大学のキャンパスが，そして大学生が病んでいるということはずいぶん前から指摘されています」（山崎1989年）。これは，座談会"大学生の生活"の冒頭の言葉である。「座談会大学生の生活」（『現代のエスプリ』第266号，至文堂　所収）山崎久美子氏の発言，10頁。

スチューデント・アパシー　ハーバード大学保健センターの精神科医 P. A. ウォルターズによって命名された（1961）。勉学への無関心や，将来に対し展望が持てないなどの無気力と空虚感が特徴である。性格は，几帳面・完全主義・頑張り屋で，優勝劣敗に敏感すぎるきらいがあるなどといわれる。高校時代に発病する人もいるが，大学2年生ころから症状が顕著になってくるともいわれ，「2年生のスランプ」とも呼ばれている。（「スチューデントアパシー，今日この頃」山口大学保健管理センター．平成10年7月1日（http://ds.cc.yamaguchi-u.ac.jp/~hoken/03healthmente/hirano-dr/hirano-5.h0tml）．安藤延男（1989）「スチューデント・アパシー」（『現代のエスプリ』第266号，至文堂所収）47〜55頁。）

おとな　漢字の「大人」には，「十分に成長した人」（『広辞苑　第六版』），「成人。一人まえの年齢に達した人」（『漢和辞典　第三版』）の意味がある。本章では，社会通念上「自立的に行動できる年齢に達している」とみなされる18歳以上の人たちを「おとな」という。「成人の日」（1949年制定）の趣旨は，「おとなになったことを自覚し，みずから生き抜こ

古閑博美「大学生に対するメンタルヘルス支援の必要性―インターンシップの成果をより高めるために―」（2008）を加筆修正（『日本インターンシップ研究年報』第11号，日本インターンシップ学会　所収）。

いる学生はどこでも増える傾向にあり，それは深刻な内容のものを含む。背景には，いじめや薬物，家庭内暴力などハラスメントを受けた経験があるほか，感性の乏しさ，時間管理への無配慮，コミュニケーションの未熟さ，情報過多，食習慣のいびつさなどが指摘できる。

1.2 学生の健康問題と大学の取り組み

鬱屈(うっくつ)した心情を抱えていたり，生活時間が不規則で貧弱な食生活を送る学生は，体調不良に陥り授業を欠席しがちとなったり，覇気がなくやる気や根気の乏しい態度になりがちである。これらは，学生が自分に自信を失うことにつながり，放置できない。

食習慣の改善，大学生活を健康的に送るためとして朝食サービス[*1]を始めた大学もある。ある大学の調査（2006年）によると，約40％の学生がほとんど朝食を摂取していないことがわかった。昨今の学生の傾向として，インスタント食品中心の食事など片寄った食生活をしているため，集中力を維持して90分間の授業を受けることができない学生が増えている，と報告している。

大学等は，個々の学生の身体的・精神的健康に対し，これまで以上に配慮するようになってきた。大学等が積極的に学生の健康管理に関与するようになったのには，教育の大衆化と多様な学生の存在がある。目的意識が希薄で成熟不安を抱く学生や自立を先延ばししようとする学生が増えたことから，大学等は学生の心身の健康問題を放置できないとの認識をいっそう明確に持つようになったといえる。

日本は，高学歴化が進み，少子化により大学全入時代を迎えたが，"おとな"としての自覚を持つ学生の増加に結びついていないのは問題である。卒業証書を手にはするが，"おとな"とはいえない卒業生を送り出すようでは，大学等は教育責任を果たしたとはいえず，社会からも認められないであろう。教育機関では学習者の学力低下が指摘されて久しいが，年齢期にふさわしい精神的成熟が懸念される。

大学等における学生サービスには，施設の充実，生活，学修，健康，アルバイト，就職等への指導や支援がある。入学後，生活環境の変化に適応できない学生，学生生活への期待感を喪失する学生を少しでも減らす目的がある。

1.3 無視できないメンタルヘルス

「五月病症候群」[*2]と呼ばれる状態には，以下のようなものがある。

① 受験勉強の緊張から解放されたことや大学生活への失望から，5月ころスランプに陥り無気力で怠惰な状態になる。

② 入学試験に合格したことでその後の目標を見失う，新しい環境に対応できない，など緊張の続いた状況から解放されたことから入学1ヵ月後の5月に多くみられる。

欄外注

うとする青年を祝い励ます」である。民法では，「満20年ヲ以テ成年トナス」と記載され，未成年でも結婚すれば成年とみなされる。

*1 東北大学，宮城教育大学，日本獣医生命科学大学，ものつくり大学，麗澤大学ほか多くの大学が朝食サービスの提供をしている。朝食の欠食率は，小学生から問題となっている。朝食などの生活習慣と学力の相関性を指摘する調査は数多い（『読売新聞』2006年6月20日）(http://www.yomiuri.co.jp/kyoiku/renai/20060620us41.htm)。

長野大学「食育フェア」開催 (http://www.nagano.ac.jp/news/t20070725.html)。

嘉悦大学では，2014年より朝食サービス（100円）のほか，週2回ランチ・ビュッフェ（500円）の日を設け，学生を経済面と健康面から支援している。

*2 山崎久美子「五月病症候群」(1989)(『現代のエスプリ』第266号，至文堂 所収) 37〜38頁。「五月病」は「合格うつ病」（小田晋）ともいわれる。

そこには，燃え尽き感，喪失感や脱力感，ミスマッチなどがある。入学後1ヵ月間は，その後の学生生活に大きな影響を与える期間といわれる。1年次は希望に燃えている，とばかりはいえないのである。面談すると，他人のことが気になる一方，入学直後から自分は何をしてよいかわからない，何をしたいとも思わない，といった喪失感にとらわれている学生が必ず何人かいる。彼らは，そうした自分にストレスを覚えていることがある。

ストレスに対し，自分で解決するに至らない場合，それを挫折と感じ，自己評価を低くしがちである。だが，新しい環境でストレスに見舞われることは誰にも起こりうることである。セリエ（H. Selye 1906–1982）は，「生命あるかぎり，ストレスは存在するし，理由は何であれ，現代では激増の気配がある」（藤井［1980］）と指摘している。本来，有害とばかりはいえない心的ストレスを，"distress：悩み，苦痛，疲労"（ディストレス）ではなく，"eustress：楽しい・有益なストレス"（ユーストレス）としてとらえることのできる力をいかに身につけるかが課題である。

学生をいい意味での「おとな」として遇するうえで，個別的視点があるのが望ましい。大学等で，フリーターやニートの予備軍となるような学生を放置しないための取り組みが不可欠である。そうした取り組みは目に見える形で提供されたい。学生は，授業が期待したほどではない，レポートの書き方や勉強のしかたがわからない，周りの人が自分よりよく見える，友だちができない，飲み会等に誘われない，就職活動が思うようにいかないなど，思い描いた大学生活にミスマッチを感じた途端，簡単にやる気を喪失する姿がある。

日本は，戦後の高度成長（急激な経済成長），バブル経済とバブル崩壊などを経て，人びとの働き方や暮らしぶりは大きく変化し，子どもからおとなまでメンタルヘルスの悪化が指摘されるようになった。セリエが指摘したように，それは激増しているといえよう。

メンタルヘルス不全は個人的問題として終わるものでも終わらせてよいものでもない。健康問題は社会全体の問題とする意識が定着しつつあるなか，学校教育と職業生活との円滑な接続の観点からも，学生の健康問題は放置できないのである。

2 メンタルヘルスと年齢期

2.1 年齢期別のメンタルヘルス不全

年齢期別にみると，メンタルヘルス不全は「中学・高校生期」「大学生期」「新入社員期」「実務習得期（中堅社員期）」「中間管理職期」「定年期」に分けられる。

中学・高校生期の「学校ぎらい，不登校・登校拒否，登校拒否症，学校恐

ストレス（stress）「ストレス」とは，もともとは物体などに力が加わってひずんだ状態を指し，そのひずむ原因となった力を「ストレッサー」と呼び，生じたひずみを「ストレス」と呼ぶ。「ストレス」という場合，これら二つを含む。もともとは，物理学に使われていた言葉だが，カナダの生理学者であるハンス・セリエ博士が1936年に「ストレス学説」（『ネイチャー』）を発表して以来，人体の防衛能力が適切に働かない状態を引き起こすことに対しても使われるようになった。物理学では，外力（ストレス）に抗して生じる内力の総和として定義されている。

バブル経済　1980年代後半〜90年代初頭にかけて起こった地価・株価の高騰をいう。

怖症，家庭内暴力」，大学生期のスチューデント・アパシー（無気力症）として「五月病，思春期非離脱症候群，ピーターパン・シンドローム」，そして，新入社員期のサラリーマン・アパシーとして「出勤恐怖症，職場不適応症（「青い鳥症候群」「途中下車症候群」）」などがある（山田［2000］）。

年代に応じた健康対策が必須であり，健康問題は一生の課題と心得たい。青年期に適切な運動や食生活の習慣を身につけることは，ひいては企業等が求める健康管理のできる人材像に合致する。学業，仕事，運動，食事，余暇，睡眠や人間関係のバランスを考え，人生の充実を目指したい。

2.2 ストレスの把握

筆者の経験でも近年，ストレスやストレス症状を訴える相談が増え，内容は多岐にわたる。学生の抱える問題の所在や解決について，素人判断は禁物となる。ストレスの原因として，父親・母親がリストラされたなど家庭の経済状態への不安，家庭内不和，自分や家族の健康問題，仲間やアルバイト先での人間関係，教師とのトラブル，学業や就職への不安，いじめなどのトラウマ（trauma：精神的外傷），異性，薬物などがある。

また，大学生としての自覚が希薄で何に対しても真剣さや集中力に欠ける者，携帯電話やゲームを夜通し行い睡眠不足となり朝起床できない学生は，知らぬ間にストレスをため込んでいることがある。自分のしたいことばかり優先していないか，不規則な生活習慣を続けていないか，など自分の日常を振り返ることから始めたい。他人と腹を割って話す，あるいは心から信頼できるとはどういうことか，などを実感として理解できないようであると，他人との距離を縮めることに不安や恐怖を覚え，それがまたストレスの悪循環を生むことにもなりかねないのである。

2.3 学生の精神的健康と大学の予防的介入の重要性

平成9年～10年（1998年）にかけて自殺者が急増し，以後，12年連続で概ね年間3万人の水準で推移している[*1]。平成22年以降は減少を続けており，24年は2万6,433人となった。しかし，15～34歳の若い年代で死因の第1位が自殺となっている。これは先進7カ国では日本のみで深刻な事態であるといえよう。社会や人間関係に適応障害を持つ若者はストレス耐性が弱い，というだけでなくその逆もある。

UPI学生精神的健康調査[*2]などを利用した，青年期後期の精神的健康および大学における学生への予防的介入の重要性に関する研究にみるように，学生のメンタルヘルスは注目されるようになってきている。大学等は，カウンセラーや看護師，産業医などによるカウンセリングや，アドバイザーらによる相談等の取り組みにより，学生の精神的健康に対する問題意識を学内で共有するようになりつつある。

ピーターパン・シンドローム　決しておとなにならない少年　ピーターパンに由来する。

[*1] 『平成26年版 自殺対策白書』内閣府（http://www8.cao.go.jp/jisatsutaisaku/whitepaper/w-2014/pdf/gaiyou/2015年2月19日閲覧

[*2] 中井大介・茅野理恵・佐野司（2007）「UPIから見た大学生のメンタルヘルスの実態」（『筑波学院大学紀要』第2集，筑波学院大学所収）（http://www.tsukuba-g.ac.jp/library/kiyou/2007/12.NAKAI.pdf#search='大学生メンタルヘルス'），「第6章 人生の各段階の課題　第1節 生涯を通した健康課題」『健康日本21　総論』（2007）（http://www.kenkounippon21.gr.jp/kenkounippon21/about/souron/chapter6/p_1.html）

UPI　University Personality Inventory

生まれてから死ぬまでの生涯を,「幼年期」(育つ),「少年期」(学ぶ),「青年期」(巣立つ),「壮年期」(働く),「中年期」(熟す),「高年期」(実る)の6段階に大別する考え方がある(関谷［2001］178頁)。社会参加への準備,精神神経機能の発達や生活習慣が形成される青少年期は,学校や家庭での働きかけが重要となる。大学時代は学びを深め,本格的に巣立つ準備期となる。それぞれの期は他の期とリンクしており,次の段階に進むうえでは,今所属する期の充実をはかることが肝要である。

3 メンタルヘルスへの注目

3.1 メンタルヘルスへの理解

1980年代から90年代にかけてパニック障害や強迫性障害が注目され,21世紀は社会不安障害(社会恐怖)の時代といわれる(貝谷［2002］)。科学文明が高度化,多様化した現代社会では,複雑なストレスにさらされるなどして心のトラブルに悩む人が急増している。気分障害の一種であるうつ病はストレスもしくは何らかの原因で起こり,現代ではありふれた病気(common disease)であるとして「心の風邪」といわれるようになった(『読売新聞』2007年6月21日)。だが,「風邪は万病の元」という言葉があるように,「風邪」をあなどってはならない。WHO(世界保健機関)の疫学調査によれば,うつ病の有病率は人口の3～5%である。

うつ病の症状は,大別すると「精神症状」と「身体症状」がある。前者は,ゆううつ,不安感,焦燥感などの「抑うつ気分」「思考の制止」(抑制),何をするのもおっくうになってしまう「意欲の低下」が中心症状である。後者は,ほとんどの人にみられるのが睡眠障害である。眠りが浅く何度も目覚めるため熟眠感がない「睡眠障害」,夜中や早朝に目が覚めて眠れない「早朝覚醒」が多いといわれる。

若年のうつ病は思春期・青春期特有の感情の起伏の激しさがみられ,自己中心的な行動は周囲に深刻な影響を与えることになる。高齢者同様,若者のうつ病も人間関係の希薄化,環境の変化によるストレスなどから発症することが多い。うつ病患者の自殺率(自殺既遂率)は他の精神疾患よりはるかに高く,入院患者の約15%といわれる。その意味では,「死に至る可能性のある病」である,という認識が重要となる。うつ症状の男女比では,男:女=1:2で女性の方が多いといわれているが,潜在的には男性の患者はもっと多いといわれる*。

3.2 精神疾患を持つ学生の把握と取り組み

精神疾患には,不眠,悲観的な気分に陥る,ものごとと取り組む意欲の低下,摂食障害,薬物服用などのほか,リストカットなどの自傷行為に走るな

*『健康日本21 総論』(2007) (http://www.kenkounippon21.gr.jp/kenkounippon21/about/souron/chapter6/p_1.html)

どがある。なかには，緩慢な自殺行為となる場合があり見過ごせない。後述するように，ハイテク社会ならではの病気も要注意である。

一方，精神障害は治療可能な病気だとの認識も浸透しつつある。うつ病は治療すれば治る病気であり，個別的対応が求められる。筆者の経験だが，ここ数年，自らうつ病体験を語る学生が増えている。症状から抜け出した学生は，一回り大きくなったように見受ける。

国民の健康問題は各国の重要課題となっている。9月10日は"世界自殺防止デー"（World Suicide Prevention Day）*である。世界では，30秒に1人が自殺をしているという状況があり，世界保健機関（WHO）はあらゆる年代の自殺防止への努力を呼びかけている。

＊"Marking day to prevent suicide, UN stresses that people of all ages can be at risk", *UN News Center* 2007.9.11

フランスでは，ファッションの国らしく「ファション療法」の取り組みがある。これは，うつ病などの治療を受けている青少年に最新のファッションを着用させ，新しい自分を意識するきっかけとするというものである。一般には，うつ病の心理的治療には探索的心理療法（特に，原因を探るようなもの，たとえば精神分析療法など）より現実指向的心理療法（場面ごとにどう対処するかなど行動や思考パターンを変化させていくもの，たとえば認知療法，対人関係療法，行動療法など）が効果的であるとされている。

人には「今の自分とは違う自分になりたい」という願望があるとされ，ファッションには手っ取り早く自分を外見から変える効果がある。ある大学の例だが，「浴衣デー」を設けキャンパスに浴衣姿が行き交う日としている。見慣れたキャンパスが新鮮に見え，学生をキャンパスに引きつける効果があるという。これは，精神的健康対策を意図して設定しているわけではないであろうが，普段と違う自分を演出することで自然と精神的発散ができると考えられる。

過重なストレスに悩む学生をいち早く発見し，適切に対処する大学の姿勢は，「悩むあなた」を放置しないというメッセージとなって学生に伝わるであろう。そうしたメッセージを発信し続けることが大事である。症状にもよるが，ときには休学して十分な休養をとることが必要な場合がある。学生はひとりで悩まないようにしたい。

4　大学生のメンタルヘルス不全

4.1　無視できないメンタルヘルス不全

大学生のメンタルヘルス不全は無視できない問題となっている。それにより，留年や中途退学，休学が多くみられるようになったほか，高校までと同様の，保健室登校はしても授業に出席できない学生がいる。ストレスへの対処やうつ病の治療は，可能な限り社会に出る前に行いたい。顕在化した症状

以外，潜在的な症状の早期発見が望ましい。これらを怠ると，企業等は採用した人員の健康対策に追われることになる。

大学生期のメンタルヘルス不全として知られる五月病（新しい環境への不適応症状）は，新入社員も例外ではない。不適応症状を示す学生や新入社員は体調不良や心の不調に陥り，学習や仕事に前向きに取り組むことができなくなる。すると，自分に自信を失ったり自己を否定的にみたりして悲観的となり，メンタルヘルス不全の悪循環にとらわれる。

学生は，在学中に実施するインターンシップを新しい環境に適応できるかどうかメンタルヘルスへの関心を高める機会とすべきである。企業等がメンタルヘルスに注目するのは，そのケアと対策が看過できない現状があるからである。企業等は，採用予定者の健康問題に関心を寄せているだけでなく，入社後の健康にも大いに関心を抱いている。

4.2 ハイテク・シンドローム

ハイテク社会でみられるシンドロームには，①VDT症候群（眼，肩，腕，頭部の症状，意欲低下，出社拒否などの心身症状），②テクノ依存症（CPへの依存症），③テクノ不安症（CPへの不適応症），④コミュニケーションストレス症候群（人と人との間の協調不能），⑤情報ストレス症候群（情報の過剰への不適応症）などがある（小比木他［1995］）。ほかに，ケータイ（携帯電話）やゲーム依存症などがある。

人間関係がうまく取り結べない，出校するが授業に出席しない，登校せずアルバイトに明け暮れる，家に引きこもり昼夜逆転の生活をする，授業に集中できない，といった学生はどこの大学にもいるであろう。自分に自信が持てず他人の目を過剰に気にしたり，場にふさわしい適切な行動ができず自己の殻に閉じこもってしまいがちとなってついには退学したり，音信不通のまま除籍になる学生がいる。

メンタルヘルス不全への早期発見や予防は，大学等だけでなく企業等の喫緊の要事となっている。人材育成や福利厚生の費用対価のうえからも無視できないことだからである。企業等は，社員の健康対策に少なからぬ投資を余儀なくされていることから，学生時代から健康意識を高めることが期待される。

5 インターンシップとメンタルヘルス

5.1 学生の成長支援

教育機関は，所属する個々人の成長を全人教育の見地に立って支援し，推進するところである。教育の場は，学内に限定するものではない。学外で学ぶ機会となるインターンシップは，事前・事後の学習や研修が必須である。近年，教員が想像もしなかった理由や些細なことでつまずく学生が増えてい

ハイテク（high-tech） high-technology の略。最先端の技術。

VDT visual display terminal

CP コンピュータ

ある企業では，「コーチング」を中心とした人材育成とメンタルヘルス不全の早期発見・予防を目的とした健康部門を設立した。それは，社員のメンタルヘルスが経営上，看過できないとの危機感がある。

る。原因として，生活技術の不足や社会性の未熟さがあげられる。インターンシップでは，時間厳守，挨拶励行など社会人・職業人としての基本的な行動が求められる（第2章　企業のインターンシップ参照）。災害時や緊急事態への対応能力も同様に求められる。これらはまた生活者に必要な能力であり，態度となる。

　普段，楽な服装でいることが多い学生のなかには，「着慣れないスーツに身を包むこと自体ストレスだ」という者がいる。筆者は，授業でスーツを着る機会を設けている。着慣れることでストレスを軽減することができる。スーツ着用が義務づけられていない企業を研究するよう指導することもある。

　インターンシップに先だち，通勤経路を確認することも大事である。インターンシップでは，成功体験を得てやる気を増す学生のほか，大声で叱られた，自分だけ仕事ができなかった，通勤ラッシュで気分が悪くなった，といったことから挫折し，ストレス障害を発症する学生がいる。インターンシップの事前の学習支援は細かい点におよぶ。

　「うつ病は治る病気である」と述べたが，早い段階で的確な治療を受けるためにも，自分自身であれ周囲であれ異常や変化に「気づく」ことが条件となる。学生は，さまざまな経験をとおして自分の不安や悩み，迷いなどと向き合い，対処していくなか，成長した自己と出会えるようになるのである。

5.2　学生気質とインターンシップ

　学生のメンタルヘルスを考えるうえで，学生理解が不可欠となる。筆者の観察では，1年次の学生は，高校生ではないが大学生でもない，といった宙ぶらりんの意識で過ごしている者が多い。「大学生の自覚を持てるようになったのはいつか」と質問すると，ほとんどの学生が「1年の秋学期以降」と答える。だが，よく聞くと，単に「自分はもう高校生ではない」という意味で，本当に大学生としての自覚があるというわけではない。

　インターンシップに行く学生に，「職場は友だち感覚で話すところではない」というと驚き，どのような言葉遣いなら許されるのかと不安がる姿がある。核家族が定着し，少子化が進むなか，親から叱られたことがないという学生が増え，遅刻を注意しただけで二度とクラスに出席しないような学生もいる。ある年のことだが，インターンシップに送り出した学生が数日も経たないうちに連絡もないまま出社しなくなった。無断欠勤の理由は，「立ちっぱなしの仕事で疲れたから」であった。嫌なことは「しない」，その場から簡単に「逃げる」，そして「戻らない」態度がある。

　こうしたことは，「心力」（心の働き。精神の活動力）の未熟さや体力のなさからくることもある。また，挫折をはね除けた体験の少なさからくることもある。失敗や挫折などの経験は誰にもあるものである。問題は，自分だけ

が悲劇の主人公であるかのように思い込み，失敗や挫折から立ち直れなかったり，そうしたことに直面することに恐怖を覚え現実から逃げたり目をそむけてしまうことにある。反面，できない自分，弱い自分でいることの心地よさというものもあるのではなかろうか。そうであれば，人から期待されないと思い，自分を変えようとしたり変わると信じたりすることからも解放される。しかし，本当にそうか。それでよいのであろうか。

　新しいことや初対面の人に不安を強く感じる経験は多かれ少なかれ誰にもある。インターンシップは，今ある知識や技術，コミュニケーション力などを確認する以外，社会的不安やストレスと向き合うなど，心力を高める機会としても生かしたい。職業人として，社会では知識や技術は無論のこと，人間性の向上が課題とされる。知識や技術は，人と人，人と社会とのつながりのなかで発揮されるものだからである。

　学生が，人や社会の多様性やそれへの対処法を理解しようとしないまま卒業し社会に出ることは，新入社員期の不適応症状予備軍となりかねないと懸念される。自分が常に優先され誰からも優しくされると思っていたり，失敗しても反省することなく責任転嫁したりする学生を「おとな」と呼ぶことはできない。また，安心して社会に送り出すことはできないのである。

　社会にはストレスが蔓延している。それを自覚し，コントロールするストレス対策とそのための能力は生涯にわたって必要とされる。精神的成熟，そして心力強化は現代人の課題といってよい。理性や感性をはたらかせ，恐れずに課題と向き合うなか，自分の前に次々と現われるストレスを前向きにとらえる態度ややり過ごす態度が身についていくのである。ユーストレスとして自己の成長に転化する体験を積み重ね，生きていくうえでの強みにしたい。

（古閑博美）

参考・引用文献
貝谷久宣（2002）『対人恐怖—社会不安障害』講談社
古閑博美（2008）「大学生に対するメンタルヘルス支援の必要性：インターンシップの成果をより高めるために」『日本インターンシップ研究年報』No.11，日本インターンシップ学会（「Ⅰ論文 研究の部」初出）
関谷透監修（2001）『心のコリをほぐす本』日本私立学校振興・共済事業団共済事業本部
中央労働災害防止協会編（1998）『こころを診る—多様化する症候群とその周辺』中央労働災害防止協会
藤井尚治編（1980）『スピルリナの秘密』廣済堂，180頁
山田誠二（2001）『かけだし産業医の覚書』産業医学振興財団
「うつノート 変わる常識1『励まし』時には必要 共感・支持する温かい言葉で」（『読売新聞』2007年8月28日朝刊）
「職場のメンタルヘルス対策のために（討議案）」2008年11月，日本自治体労働組合総連合（自治労連）

うつ病と向き合う

ストレスを抱えている状況にもかかわらず,「自分はまだ大丈夫だ」と考え,自分に鞭打ち,かえって深刻な状況に陥る人が多い。うつ病は,他の病気と同様,早期予防・対策が望ましい。

1 相談機関

インターンシップ期間中,メンタルヘルス不全を感じたら,どこに相談すればよいのであろうか。インターンシップ先の企業等に,EAP（Employ Assistant System）カウンセラーや産業カウンセラーが駐在していれば相談先となりうる。それははばかる,というのであれば,大学等の相談室や地域の保健所,保健センターなどを活用されたい。

職務上,カウンセラーには守秘義務があり,情報管理が徹底されている。大学等は,「学生相談室」「カウンセリング室」「カウンセリングセンター」等を設置している。こうした相談室は,大学構内や大学近辺に設置されることが多く,学生は通いやすいというメリットがある。

しかし,なかには,敷居が高いと思う人がいるかもしれない。心配せずにどのような問題かにかかわらず,遠慮なく利用されたい。

各市区町村には,保健所,保健センター等があり,保健士はメンタルヘルス分野においても知識や経験が豊富なことが多い。地域の医療機関,相談機関などさまざまな情報にも精通している。

最寄りの保健所,保健センターの連絡先が不明であれば,各市町村の役所,役場の福祉課に尋ねるとよいだろう。さらには,各都道府県には,精神保健福祉センターが設置されており,「心の病気」に対して,より専門的に対応している。各保健所,各保健センターに尋ねるとよい,また,パソコンで"全国の精神保健福祉センター"で検索してもよいだろう。「日本臨床心理士会」のサイトは有料であるが,各都道府県で「臨床心理士」が相談にのっている各機関が掲載されている。非常時には,「こころの電話」も利用して欲しい。

2 自分のメンタルヘルスを考える

環境が変われば,それに付随してストレスが生じやすくなる。まず自分自身のストレスに気づくことが大切である。次のことを自分に問いかけてみよう。

① 自分はどのようなときにストレスを感じるか
② ストレスを感じたとき,どのように対処しているかもしくはしていないか

①は,個々人によりストレスを感じる状況や感じ方は異なるであろう。

EAP 産業医や産業カウンセラー,臨床心理士などが中心となって,企業内でのメンタルヘルス対策,すなわち,カウンセリングや心の病気の予防プログラムを行うことである（ジャパンEAPシステムズ,2005）。

産業カウンセラー 産業カウンセラー協会が認定したカウンセラー。臨床心理士は,臨床心理士資格認定協会によって認定されたカウンセラー。

表6.1 全国の精神保健福祉センター一覧

都道府県 指定都市	センター名	開設 年月	郵便 番号	所在地	電話番号
北海道	北海道立精神保健福祉センター	昭43.4	003-0027	札幌市白石区本通16丁目北6番34号	011-864-7121
札幌市	札幌市精神保健福祉センター	平9.4	060-0042	札幌市中央区大通西19丁目 WEST19 4F	011-622-0556
青森県	青森県立精神保健福祉センター	平6.11	038-0031	青森市三内字沢部353番地92	017-787-3951
岩手県	岩手県精神保健福祉センター	昭48.7	020-0015	盛岡市本町通3丁目19番1号	019-629-9617
宮城県	宮城県精神保健福祉センター	平13.4	989-6117	大崎市古川旭5丁目7-20	0229-23-1658
仙台市	仙台市精神保健福祉総合センター （はあとぽーと仙台）	平9.4	980-0845	仙台市青葉区荒巻字三居沢1-6	022-265-2191
秋田県	秋田県精神保健福祉センター	昭54.7	010-0001	秋田市中通2丁目1番51号	018-831-3946
山形県	山形県精神保健福祉センター	昭47.4	990-0021	山形市小白川町2丁目3-30	023-624-1217
福島県	福島県精神保健福祉センター	平7.10	960-8012	福島市御山町8-30	024-535-3556
茨城県	茨城県精神保健福祉センター	平3.6	310-0852	水戸市笠原町993-2	029-243-2870
栃木県	栃木県精神保健福祉センター	昭43.4	329-1104	宇都宮市下岡本町2145-13	028-673-8785
群馬県	群馬県こころの健康センター	昭61.1	379-2166	前橋市野中町368番地	027-263-1166
埼玉県	埼玉県立精神保健福祉センター	昭40.7	362-0806	北足立郡伊奈町大字小室818-2	048-723-1111
さいたま市	さいたま市こころの健康センター	平15.4	338-0003	さいたま市中央区本町東4丁目4番3号	048-851-5665
千葉県	千葉県精神保健福祉センター	昭46.2	260-0801	千葉市中央区仁戸名町666-2	043-263-3891
千葉市	千葉市こころの健康センター	平13.7	261-0003	千葉市美浜区高浜2-1-16	043-204-1582
東京都	東京都立中部総合精神保健福祉センター	昭47.10	156-0057	世田谷区上北沢2-1-7	03-3302-7575
	東京都立多摩総合精神保健福祉センター	平4.4	206-0036	多摩市中沢2-1-3	042-376-1111
	東京都立精神保健福祉センター	昭41.7	110-0004	台東区下谷1-1-3	03-3842-0948
神奈川県	神奈川県精神保健福祉センター	昭35.4	233-0006	横浜市港南区芹が谷2-5-2	045-821-8822
横浜市	横浜市こころの健康相談センター	平14.4	231-0021	横浜市中区日本大通18番地 KRCビル6階	045-671-4455
川崎市	川崎市精神保健福祉センター	平14.4	210-0004	川崎市川崎区宮本町2-32 JAセレサみなみビル4階	044-200-3195
相模原市	相模原市精神保健福祉センター	平22.4	252-5277	相模原市中央区富士見6-1-1 ウェルネスさがみはら7階	042-769-9818
新潟県	新潟県精神保健福祉センター	昭43.4	950-0994	新潟市中央区上所2丁目2-3	025-280-0111
新潟市	新潟市こころの健康センター	平19.4	951-8133	新潟市中央区川岸町1-57-1	025-232-5560
富山県	富山県心の健康センター	昭40.10	939-8222	富山市蜷川459番1	076-428-1511
石川県	石川県こころの健康センター	昭41.10	920-8201	金沢市鞍月東2丁目6番地	076-238-5761
福井県	福井県精神保健福祉センター	昭47.4	910-0005	福井市大手3丁目7-1 繊協ビル2階	0776-26-7100
山梨県	山梨県立精神保健福祉センター	昭46.4	400-0005	甲府市北新1丁目2-12	055-254-8644
長野県	長野県精神保健福祉センター	昭47.10	380-0928	長野市若里7-1-7	026-227-1810
岐阜県	岐阜県精神保健福祉センター	昭33.4	500-8385	岐阜市下奈良2-2-1 福祉・農業会館内	058-273-1111
静岡県	静岡県精神保健福祉センター	昭41.4	422-8031	静岡市駿河区有明町2-20	054-286-9245
静岡市	静岡市こころの健康センター	平17.4	422-0821	静岡市葵区柚木240	054-262-3011
浜松市	浜松市精神保健福祉センター	平19.4	430-0929	浜松市中区中央1-12-1 静岡県浜松総合庁舎4F	053-457-2709
愛知県	愛知県精神保健福祉センター	昭46.4	460-0001	名古屋市中区三の丸3丁目2番1号	052-962-5377
名古屋市	名古屋市精神保健福祉センター	平12.12	453-0024	名古屋市中村区名楽町4丁目7番地の18	052-483-2095
三重県	三重県こころの健康センター	昭61.5	514-8567	津市桜橋3丁目446-34	059-223-5241
滋賀県	滋賀県立精神保健福祉センター	平4.9	525-0072	草津市笠山8-4-25	077-567-5010
京都府	京都府精神保健福祉総合センター	昭57.6	612-8416	京都市伏見区竹田流池町120	075-641-1810
京都市	京都市こころの健康増進センター	平9.4	604-8845	京都市中京区壬生東高田町1番地の15	075-314-0355
大阪府	大阪府こころの健康総合センター	平6.4	558-0056	大阪市住吉区万代東3-1-46	06-6691-2811

大阪市	大阪市こころの健康センター	平12.4	534-0027	大阪市都島区中野町5丁目15番21号 都島センタービル3F	06-6922-8520
堺市	堺市こころの健康センター	平18.4	591-0808	堺市堺区旭ヶ丘中町4-3-1 健康福祉プラザ3階	072-245-9192
兵庫県	兵庫県立精神保健福祉センター	昭41.4	651-0073	神戸市中央区脇浜海岸通1-3-2	078-252-4980
神戸市	神戸市こころの健康センター	平13.4	650-0044	神戸市中央区東川崎町1丁目3番3号 神戸ハーバーランドセンタービル9階	078-371-1900
奈良県	奈良県精神保健福祉センター	昭64.1	633-0062	桜井市栗殿1000番地	0744-43-3131
和歌山県	和歌山県精神保健福祉センター	昭56.4	640-8319	和歌山市手平2丁目1-2	073-435-5194
鳥取県	鳥取県立精神保健福祉センター	平3.10	680-0901	鳥取市江津318番地1	0857-21-3031
島根県	島根県立心と体の相談センター	昭53.10	690-0011	松江市東津田町1741-3	0852-32-5905
岡山県	岡山県精神保健福祉センター	昭46.4	703-8278	岡山市中区古京町1-1-10-101	086-272-8839
岡山市	岡山市こころの健康センター	平21.4	700-8546	岡山市北区鹿田町1丁目1-1	086-803-1273
広島県	広島県立総合精神保健福祉センター	昭62.8	731-4311	安芸郡坂町北新地2-3-77	082-884-1051
広島市	広島市精神保健福祉センター	平5.4	730-0043	広島市中区富士見町11番27号	082-245-7746
山口県	山口県精神保健福祉センター	昭47.4	747-0801	防府市駅南町13-40	0835-27-3480
徳島県	徳島県精神保健福祉センター	昭28.12	770-0855	徳島市新蔵町3丁目80番地	088-625-0610
香川県	香川県精神保健福祉センター	昭42.4	760-0068	高松市松島町1丁目17番28号	087-804-5565
愛媛県	愛媛県心と体の健康センター	昭47.4	790-0811	松山市本町7-2	089-911-3880
高知県	高知県立精神保健福祉センター	昭48.4	780-0850	高知市丸ノ内2丁目4-1	088-821-4966
福岡県	福岡県精神保健福祉センター	昭41.5	816-0804	春日市原町3丁目1番7	092-582-7500
北九州市	北九州市立精神保健福祉センター	平9.4	802-8560	北九州市小倉北区馬借1-7-1	093-522-8729
福岡市	福岡市精神保健福祉センター	平12.11	810-0073	福岡市中央区舞鶴2丁目5-1	092-737-8825
佐賀県	佐賀県精神保健福祉センター	昭59.1	845-0001	小城市小城町178-9	0952-73-5060
長崎県	長崎こども・女性・障害者支援センター障害者支援部精神保健福祉課	昭44.10	852-8114	長崎市橋口町10-22	095-844-5132
熊本県	熊本県精神保健福祉センター	昭47.4	862-0920	熊本市月出3-1-120	096-386-1255
熊本市	熊本市こころの健康センター	平24.4	862-0971	熊本市中央区大江5丁目1番1号 ウェルパルくまもと3階	096-366-1171
大分県	大分県精神保健福祉センター	昭50.4	870-1155	大分市大字玉沢字平石908番地	097-541-5276
宮崎県	宮崎県精神保健福祉センター	昭49.10	880-0032	宮崎市霧島1-1-2	0985-27-5663
鹿児島県	鹿児島県精神保健福祉センター	昭42.4	890-0021	鹿児島市小野1-1-2	099-218-4755
沖縄県	沖縄県立総合精神保健福祉センター	昭49.3	901-1104	島尻郡南風原町宮平212-3	098-888-1443

(注) 各々ホームページがあるので参照されたい。　　　(http://www.mhlw.go.jp/kokoro/support/mhcenter.html, 2015年2月19日閲覧)

　たとえば，朝起きようとすると極度にストレスを感じる，インターンシップ先の上司に会うだけであるいはその上司の顔を思い浮かべるだけでストレスを感じる，休日にひとりでいるとストレスを感じる，など千差万別である。

　ストレスを感じるときのことを整理してみよう。ストレスを感じる状況のパターンが見えてくるであろう。ストレスを感じるさいの感情を落ち着いて考察すると，ストレスへの気づきが増すことが多い。たとえば，イライラする，落ち込む，寂しくなる，物事に取り組む気力がなくなる，など。

　そうした感情を意識すると，たとえば，イライラを感じたときに自分自身は意識していなかったが，実はいつもよりストレスがたまっていることに気づくことができる。ストレスを感じている自分から目を背けるのではなく，あえて意識し，自分の置かれた状態を認める作業が必要である。

　ストレスは，早く気づくことで早く対処することができる。対処には，たとえば，友人に会ったり電話したりする，寝る，甘いものを食べる，好きな

ゲームをする，などがある。気持ちを分かち合える仲間や友人，家族の存在はストレスへの貴重な対処となる。ストレスへの対処を無意識に行っていることもあるが，ストレスを意識し，向き合うことで早めにストレスを感じ早めに対処することができる。また，誤ったストレスへの対処にも気づくことができる。

さらに，これらのことを，紙に書き出すことも有効な手段となる。見直すことで自己理解が深まる。しかし，あまり考えすぎると，逆効果になる可能性があるので，クイズやゲームをする感覚で楽しく取り組んで欲しい。

自己診断（具体的な場面をあげて考えてみよう）
① どのような状況でストレスを感じやすいか（複数回答可）
② ストレスを感じたとき，どのような感情になりやすいか
③ ストレスはどのように解消することが多いか

3 「心の病」を抱えた人とのかかわり方

自分自身のメンタルヘルスを考えるだけでなく，「心の病」を抱えた人とどうかかわっていくかについても知っておきたい。将来，企業等で勤務するさい，「心の病」を抱えた人と一緒に働くということがあるかもしれない。職業人として，メンタルヘルスの知識およびかかわり方は心得ておきたいことがらとなる。

「うつ病」という「心の病」を抱えた人に対し，どのような言葉をかけたらよいのか，という質問を受けることがある。これに答えるのは難しい。なぜなら，言語コミュニケーションの方法は無数にあるからである。その都度，これはいえる・いえないなどと考えながら話すことは，自然なコミュニケーションとはいえない。

言葉の選択も重要だが，それよりも「うつ病」という病気について，誤った考え方をしないことの方が重要である。なぜなら，偏見や誤った知識から発する言葉は，しゃべった本人が気づかないうちに相手を傷つけたり責めてしまっていたりすることがあるからである。

「うつ病」は「心の弱さ」などによって引き起こされるものではなく，さまざまな要因が複雑に絡み合って患う病気であり，誰でも疾患する可能性がある。「うつ病」に疾患することで普段よりも数倍疲労しやすく，少し休養をとっただけでは容易に疲労がとれるものではない。「うつ病」の診断のなかに「無気力」（やる気が起きない），「集中力がない」などがあるが，それは甘えているわけでも怠けているわけでもないのである。それどころか，やる気が起こらず，集中力がない自分に深く悩んでいる人が多い。これらを知ることにより，「心の病」を抱えている人への不用意な発言を極力避けるようにしたい。

（須藤　功）

第2部　実　践　編

インターンシップの前に

　アルバイトの低年齢化が進み，今や，中・高校生のあいだでも盛んである。大学生のなかには，多種多様なアルバイト経験を積んでいる人が少なくない。目的として，① 収入を得る，② 社会勉強，③ 時間の活用，④ 好奇心を満たす，⑤ 人脈を広げる，などがある。

　アルバイトをするさい，将来を視野に入れてアルバイト先を選択するなど戦略的に取り組む人もいないではないが，少数派といえよう。アルバイトの体験で職業を理解した心算になっている人や知っていると豪語する，いわゆる勘違いをしている人がいる。就職活動の面接でアルバイトの経験を得々と語っても意味はない，とする企業等は少なくないのである。ときにはその話は無視される。無論，あからさまにではないが。

　インターンシップは，企業等に評価される就業体験として，これまで以上に希望者が増えると予想される。インターンシップ実施率は，中小企業よりも大企業の方が高いとされる。規模にかかわらず，企業はよりよい人材獲得のための努力を惜しむものではないであろう。企業等は，コミュニケーション能力が高く，向上心があり行動力の優れた学生を欲しており，意欲や人柄，礼儀作法，立ち居振る舞い，健康等が注視される。また，幅広い教養が求められており，資格は持っていて邪魔にはならない。

　インターンシップは，次のようにも分類できる（第3・第4・第5章参照）。

　①　研修参加型（参加することに意義がある）

　社会見学や研修の一環として，業界や職種を問わず体験する。

　②　就職実践型（就職に直結する）

　希望する業種，業態を選択する。大学等や民間のインターンシップ斡旋業者のセミナーに参加する。

　③　研究研修型（主として理工学系）

　実験実習や研究・調査などを主体とし，専門的分野に取り組む。

　企業と学生のマッチング（双方の希望をすり合わせ，適切に引き合わせること）のさい，どのような職種や業界分野を希望するかと質問すると，答えられない学生がいたり，学校が選んだ先に行けばよいと安易に考える学生がいたりする。心構えもなく，産業構造＊（クラークは，第一次・第二次・第三次産業に分類）や経済活動の実態に疎く，職業への理解が幼稚な人がいる。初歩的な企業研究さえしていない学生は論外である。

　たとえば，ホスピタリティ産業（サービス産業）を希望する学生は，他人が遊んでいるとき自分は遊べない就業形態であることを理解しているであろうか。余暇・観光産業はその最たるものである。そこでの就業時間は9時から17時までと固定化されるものではなく，週休2日制の勤務体制は期待できない。医療看護・介護施設は一日も休みなく運営され，急な呼び出しにも応じなければならない。マスコミ関係も同様である。知名度や表面的な華やかさにひかれ

＊一国の経済を構成する諸産業の相互関係や，それらが生みだす所得や従業人口の比率などをいう。

て選択するようだと，うわついた職業選択になりかねない。

　インターンシップは多様化している。単位認定科目という考え方以外，学年を超えて一度ならず二度あるいはそれ以上自主的かつ貪欲に取り組みたい。産業構造や業務が異なる先でのインターンシップを体験することで，職業と自分の希望にミスマッチ（不整合）があることに気づいたり，就職への準備が必要なことがらに早い段階で気づいたりすることができるようになる。

　たとえば，就業希望先で資格や免許の有無を問われることがある。弁護士，公認会計士，税理士，医師，看護師，助産師，薬剤師，美容師，理容師，栄養士，調理師，教師等が該当するほか，大学等の卒業資格や任意団体が認定する資格等が該当する。ほかに運転免許証の有無が問われたり，書道の腕前や特技があると有利だったりする職場がある。こうした資格や技能の取得は一夜漬けとはいかない。十分な準備が必要である。取得や習得に向け，継続的に取り組む姿勢を放棄しないことが大切である。

　就業形態には，日勤のほか残業，夜勤，日直，日曜出勤やシフト制度（交代勤務）等がある。職業人ともなれば，余裕を持って出勤し，仕事に備えたい。たとえば，航空会社の乗員は，乗務の2時間前にショー・アップ（show up：出社）が義務づけられている。実際には，制服に着替えたり，資料を確認したりする時間を考慮し，3時間くらい前に出社することが珍しくない。遅刻や無断欠勤等，論外である。

　就職活動では，SPI*など適性検査を活用する学生が多数いる。検査後に自己の立て直しをしようにも方向転換しようにも時間不足のことがある。インターンシップに参加することで，資料に頼るだけでなく実体験からも，漠然としていた自己の職業人としての適性に自信を深めるや，適性があると思っていた仕事にギャップを感じるなどの経験が見込める。多様な角度からの発見があるインターンシップの経験をもとに，自己の適性や将来設計をより詳細に分析することが，インターンシップ後の学修や就職活動を手ごたえのあるものとしてくれるであろう。

　インターンシップに参加するさいには，キャリア形成の観点から何を学びたいのか，何を中心課題とするのかなど具体的な視点や課題を持って臨みたい。安易な取り組みに成果は期待できないであろう。勉学の目的，就職したい企業，希望の職種，必要な能力は何か。インターンシップは，それらを探る機会となる。

　第2部は，準備や心構え，実務能力の向上に役立つことがらを取り上げた。活用していただきたい。

（古閑）

＊**SPI** Synthetic Personality Inventory（総合適性検査）

1　キャリアと展望

インターンシップは，キャリア（履歴）について考察したり，将来を展望したりする機会として自覚を持って取り組みたい。キャリアアップ（人生の充実）を目指すなら，「棚からぼたもち」式を期待してはならない。誰かが何かをしてくれる，というのは甘い考えである。問題意識を持ってわが道を模索するなど，真剣にものごとに取り組むさまをみて，はじめて人は人を応援する。

キャリアアップには何が必要であろうか。加藤寛は3つの言語の習得を強調している。それらは，① 自然言語（日本語および外国語），② 人工言語（コンピュータ），③ 会計言語（会計・簿記），である。情報化や国際化が進み，個人の能力およびその用い方への関心は高まる一方である。知識や技能を身につけるだけでは十分とはいえず，人間的魅力をあわせ持った人材となるよう心がけたい。魅力人材®の育成は，時代の要請にかなうものとなる。

キャリアアップは仕事上に限定しない。得意・専門分野のほか趣味などを含む多様な取り組みが不可欠である。ハンセン（Hansen, Sunny）は，「人生は4つのL（Labor, Learning, Leisure, Love）がバランスよく組み合わさってこそ意味がある」と提唱している（統合的人生設計論，ILP：Integrated Life Planning）。以下，キャリアアップに役立つキーワードをあげる。

(1)　6つのC
① chance：機会をつかむ。情報の収集力と取捨選択能力を高めよう。
② check：点検を怠らない。ことの正否軽重等確認し，判断力を養おう。
③ choice：選択を見誤らない。慎重な態度ならびに決断力を養おう。
④ challenge：挑戦を恐れない。志と行動力を磨き，積極的に自己表現しよう。
⑤ communication：関係の取り結びをはかる。「ひと・もの・こと」との適切な距離感覚を養おう。
⑥ collaboration：協同する。創造力を養い，工夫し他と協力し合おう。

(2)　4つのH
① head（知力）：「学問的知識＋経験値＋暗黙知」を活用しよう。
② heart（心力）：「思いやり＋やる気＋行動力」を発揮しよう。
③ hand（技能）：「計算力＋制作力＋実践力」を身につけよう。
④ health（健康・体力）：「明朗＋親切＋笑顔」を徹底しよう。

(3)　2つのI
① intelligence：理解力，思考力を磨こう。
② imagination：想像力，鑑賞力を磨こう。

（古閑）

「棚からぼたもち」（諺）棚から都合よくぼたもちが落ちるなど，そうそうあるものではない。そこで，思いがけない幸運にめぐり合うことをいう。簡略に「たなぼた」ともいう。

加藤寛（1926〜2013）博士（経済学）。慶應義塾大学総合政策学部教授・学部長，千葉商科大学学長，嘉悦大学学長等歴任。

魅力人材®
① 世のため人のため大義のために身を投げ出す気持ちがある。
② 責任感や倫理観がある。
③ 想像力があり，相手を慮る能力がある。
④ コミュニケーション能力と豊かな感性がある。
⑤ 礼儀作法を心得，適切な敬意表現ができる。
古閑博美（2007）「大学教育とインターンシップ」（高良和武監修『インターンシップとキャリア』学文社 所収）169頁。

2　インターンシップ先の探し方

　インターンシップに興味や関心を抱いても，研修先をいざ探すとなるとどうしたらよいかわからないという学生がいる。自分はインターンシップでどのようなことに取り組みたいのかを明確にすることから始めよう。目的意識のないままインターンシップに参加すると，自身の達成感を得られないだけでなく，業務多忙のなか研修生を受け入れる企業に対し迷惑をかけることになる。収入を得ることを目的とするアルバイトとは本質的に違うものであることを理解したうえで，インターンシップ先を探すようにしたい。

　大学等によって異なるが，インターンシップ先を探す方法には以下のようなものがある。

　①　大学等で行われるインターンシップ説明会（ガイダンス）に参加する

　インターンシップを単位認定科目としている場合がある。受入企業に関する情報が得られる可能性もあるので，積極的に参加しよう。

　②　大学等に届いている募集要項から探す

　企業等によっては，個別に大学等と協定を締結している場合がある。自分の行きたい企業がある場合，まずは大学の担当部署に問い合わせよう。

　③　企業等に直接アプローチする

　自分が興味を持っている企業のウェブサイトを検索し，インターンシップを受け入れているかどうか確認する。募集があるかどうか判別できない場合は，電話やメールなどで，企業に直接問い合わせる。

　④　自分の所属するゼミの担当教員に紹介してもらう

　教員によっては，インターンシップ先を紹介してくれる可能性もある。ただし，自分がどのような業種，職種を希望しているのか，事前に明確にしておくことが必要である。

　⑤　インターンシップを紹介している専門のウェブサイトやイベントから情報を入手する

　近年，企業インターンシップを紹介するウェブサイトが増加している。それらは玉石混交ともいえ，信頼できるサイトかどうか自分で見極め，不安に感じたさいは大学のインターンシップ担当部署に必ず相談する。主なものには，マイナビ，リクナビ，エンジャパンなどがある。大手企業が多いため，倍率は相当なものになる場合がある。また，NPO法人ETIC，日本インターンシップ推進協会のウェブサイトには，多様な形態のインターンシップ情報が掲載されている。

　いずれの方法にしても，まずは自分で一歩踏み出さないと何も始まらない。インターンシップ先は自己責任で決定するのが原則である。　　　　（牛山）

マイナビ（http://job.mynavi.jp/）
リクナビ（http://www.rikunabi.com/）
エンジャパン（http://gakusei.en-japan.com/index_pc.html）
NPO法人 ETIC.（http://www.etic.or.jp/）
NPO法人日本インターンシップ推進協会（http://www.jipc.or.jp/）

3 履歴書の書き方

インターンシップや就職活動で必ず求められるのが履歴書とエントリーシートである。日本では，履歴書は手書きが基本である。記載内容を充実させるほか，文字の丁寧さ，印鑑の押し方，写真の感じのよさなどに留意する。

履歴書にはさまざまな種類がある。インターンシップや就職活動に応募するさいは，市販のものではなく大学等の指定の用紙を使用する。以下，手書きの履歴書を記載するさいの注意点を述べる。

1　黒いインクを使用する。ボールペンもしくは万年筆を使用する。
2　文字は，楷書で丁寧にはっきりと書く。誤字脱字がないように，書き終えたあとに必ず読み直す。
3　1文字でも間違えた場合は，修正液は使わず新しく書き直す。
4　余白を残さず，すべての項目に書き入れる。
5　提出するさいには，自分用の控えとして必ずコピーを取っておく。
6　応募の履歴書は折らない。封筒の左下に「履歴書在中」と赤字で記入し，履歴書と添え状を同封する。
7　応募の締切日以前に余裕を持って提出（投函）する。企業等によっては，先着順に受け付ける場合もある。
8　記載事項別の注意点

---

① 日付：提出年月日を記載する。
② 氏名：住民票の記載どおりとする。
③ 印鑑：上下を確認し，曲がらないように鮮明に押印する。押印の向きが違っていた場合は，履歴書を最初から書き直す。
④ 住所：郵便番号，都道府県からアパート・マンション名まで，住民票どおりに記載する。
⑤ 連絡先：自宅の電話番号，携帯番号，メールアドレスなど，複数記載する。
⑥ 写真：3分間写真など簡易な方法で撮影した写真は使用しない。写真の裏面には，油性のペンで大学名と氏名を記載する。
⑦ 資格：正式名称と取得年月を記載する。
⑧ 趣味，特技：空白にせず，必ず書く。特技は，小さなことで構わないので，自信があるものを書く。
⑨ 自己PR：具体的に記載する（「4 エントリーシートの書き方」参照）。
⑩ 志望動機：応募先の企業に興味を持った理由など，固有名詞や数字を提示して具体的に示す。自分ができること，取り組んでみたいことなどを述べる。

封筒の記載方法

住所の記載のしかた
「東京都○○区本町3-5」
　　　↓
「東京都○○区本町三丁目5番地」

履歴書は，企業等のウェブサイトやパンフレットを読んだり直接足を運び生の情報を入手したりし，企業研究を行った上で記入しよう。　　（牛山）

4　エントリーシートの書き方

　エントリーシートは，企業等の求人に対してエントリー（応募）するための書類である。履歴書は学歴や資格など応募者の基本情報が網羅されるのに対して，エントリーシートは企業等が独自に作成するためさまざまなスタイルがある。近年，就職活動だけでなくインターンシップへ応募するさいも履歴書とセットでエントリーシートの提出を求め，書類選考を行うケースが増えている。書類選考後の面接では，エントリーシートに記載した内容について質問されることが多いため，相手の興味を引くように記載する。

　エントリーシートの記載項目は企業等によって異なる。以下のような質問項目がある。

　①　大学時代に最もがんばったことは何ですか。
　②　あなたの強みと弱みを教えてください。
　③　あなたが会社で実現したいことは何ですか。

　エントリーシートを作成するさいのポイントは，①読む側の立場に立って結論から述べる，②客観的に自己分析し，具体的なエピソードを記す，③何にどのように取り組みどのような成果を得たのか，④今後，自分の経験をどのように活かしたいのか，である。提出前に，家族，大学の教員や職員，友人など多くの人に見てもらい完成度を高めたい。

　エントリーシートには「自己PR」*の欄がある。参考までに，実際の例を示す。自分を最大限アピールする内容を盛り込むことが大切だ。

○**《自主性・積極性がある》**衣料量販店のアルバイトで，ジーンズの社内販売促進時に個々に販売計画を課されました。計画達成のため，自主的に社内資料やインターネットを参考に商品知識やトレンドを学び，お客様の要望に合ったスタイルを提案できるように努めました。その結果，アルバイト17名中自分だけが計画を達成し，達成率160％を記録しました。努力がお客様からの感謝の言葉と数字に変わったとき，やりがいを感じました。（アパレル会社内定・女子）

○**《協調性》**相手の事を常に考え，思いやりを持って物事を進める事ができます。たとえば，ゼミ合宿のさい5人で合宿先の場所を探し，全体のスケジュール調整，しおり作成，お金の管理を任されました。1つの事を成し遂げるために，相手の意見を聞き，どの意見が一番最適か考え答えを導き出しました。この経験で，良い物を作り上げるには相手の考えを理解することが重要であると気付きました。今後も努力し続けたいです。（サービス業内定・女子）　　　　（牛山）

---

*「私は，頑張り屋です」→「海外旅行で盗難に遭い，パスポートを失くしたが，大使館までヒッチハイクでたどり着き云々」など具体的に記す。

「性格は明朗活発」→「性格は暗いです」と書く人はいない。エントリーシート上では，全員明朗活発となる。明るく活発な性格の中身を具体的に記す必要がある。

5 好感を与える

　人は,どのような人に好感を抱くのであろうか。一般に,明るい人柄,信頼できる人,真面目な人は好感を抱かれる。「好感」とは,「好ましい感じ。よい感情」のことで,古来,他人に好感を与えることは社会生活上必要と考えられてきた。「好感の持てる人物」は,他人の信頼や安心を勝ちとることができよう。自分の身を守るために必要な知恵としてもあった。

　他人に好感を与えたいならば,礼儀作法は必須である。社会では"良識を持って行動する"ことが求められ,職業人はそのうえ"仕事ができる"ことが期待されている。好感を与える仕事のしかたとは,「迅速,親切,丁寧,正確,公平,挑戦」の態度を基本とする。その前提を5点あげる。

① 仕事を理解する
② 仕事にやりがいを持つ
③ 仕事に誇りを持つ
④ 仕事は途中で投げ出さない
⑤ 仕事は,自利利他(win-winの関係)の観点から考える(基は利他の精神)

　こうした意識や姿勢は,仕事を学び理解を深めようとする貪欲な態度の形成につながる。職務と真摯に向き合うなか,よりよい仕事のしかたを模索し工夫する態度や,自分を謙虚に見つめ直し足りない知識や技術を身につけようと努力する態度が生まれるであろう。職場では,最新かつ必要な技術や知識を学び,仕事に生かそうとする態度が好感を与える。

　そこに,コミュニケーションが不可欠である。自分の意見を聞いてもらうためにも他人の意見を傾聴する態度を身につけたい。仕事を推進するうえで,他人の力を頼むことやときが必ずある。他人の力を借りずにできる仕事はないといっても過言ではない。他人におもねる人,人の話にうなずくばかりで自分がない人,責任をとろうとしない人,反対や批判はするが代案のない人,計算ばかりで意気に感じる態度がない人,気分にムラのある人は他人に好感を与えることはできない。

　人間には,感情の機微を察知するセンサーがあるといえよう。浅知恵や下手な計算から出た態度に好感を持つものではない。直観を働かせることも重要である。職場で好感を与えたいと思うなら,人間や社会への理解を深めるとともに人間的成長を心がけ,同僚や仲間から信頼を得る必要がある。なにごとにも正面から向き合う気概を持とう。

　　　　　　　　　　　　　　　　　　　　　　　　　　　　　(古閑)

利他　「自分を犠牲にして他人に利益を与えること。他人の幸福を願うこと」で,その反対は利己である。

傾聴　「耳を傾けてきくこと。熱心にきくこと」であり,ほかに「敬聴」の態度がある。これは「つつしんできくこと」である(『広辞苑』)。以下,古閑の造語。恵聴—いたわってきく　警聴—注意してきく　憩聴—ゆったりときく。軽聴—軽んじてきく。軽聴の態度はいただけない。

6　身だしなみ

　社会人や職業人としての身だしなみは，おとなの魅力行動でありたしなみである。身だしなみのよさは，公然にも暗黙のうちにも求められている。取引先や顧客，同僚に好印象を与える身だしなみを研究するなど，戦略的視点が必要である。次の5つの観点から考えてみよう。

（1）　髪　型

　常に清潔にし，色，長さ，臭いなどに注意する。特に，金融，販売，飲食，レジャー，サービス，行政，医療福祉等の業界では厳しい目が光る。髪型への注目度は接客，営業，公的業務等に就く者に対し，高いといえる。

（2）　服　装

　こざっぱりした清潔感のある服装を心がける。服装には次の意味がある。

① 　身体を保護し，外見を飾る。
② 　素材やデザインは，着る人の内面や行動に影響を与える。
③ 　所属や社会的ステータスが一目瞭然の場合がある。

　服装は自己表現の武器となるほか，職業人の立場から服装プランを考える必要がある。制服を着用する場合でも通勤着に配慮する。アクセサリー類は，華美・過度にならないようにする。バッグは，A4判資料が入るものを用意しよう。

（3）　言葉遣い

　「はい」という明るい返事がいつでもできる人は，職業人として大きな財産を持っているとさえいえる。職場では，謙譲語を遣いこなそう。「ウマイオイモ」（石平光男）を活用されたい。

（4）　態　度

　人は，自分のことはさて置き他人の態度には敏感だ。人を見て「態度がよい・わるい」など評価や批判をしている。態度のよさは，礼儀正しいかどうかを尺度としていることが多い。よい態度は，一朝一夕には身につかないものである。知識や経験を深め，「ひと・もの・こと」にあたるさいに必要な態度を涵養したい。

（5）　心がけ

　身だしなみのよい人は心がけのよい人といえる。心がけのよさは身だしなみのすべてに影響する。

(古閑)

魅力行動　「行動の質・量・形・意味に魅力を付与した行動」のこと（古閑, 2001）。

たしなみ（嗜み）　身につけておけば自身を助ける知識や技能のことで，趣味を持つことも有効である。行動・服装・ユーモア等のセンスを磨きたい。

ウマイオイモ（謙譲6語）
魅力行動学会で石平光男が提唱。
① 　うかがう　10時に伺います（行く）。その件は，部長から伺っております（聞く）。
② 　まいる　急いで参ります（行く）。まもなく社長が参ります（来る）。
③ 　いただく　書類は頂きました（もらう）。お先に頂きます（食べる）。
④ 　おる　会議室におります（動作・状態）。ベルが鳴っております（既にあったこと）。
⑤ 　いたす　私が致します（する）。おっしゃるとおりに致します（行う）。
⑥ 　もうす　先ほど申し上げたとおりです（言う）。課長が，よろしく，と申しておりました（言う）。

7　挨拶は自分から

挨拶*の重要性は言を俟たない。手本となる人や事例に積極的に学びたい。挨拶は世界共通のマナーであり，魅力行動となる。「挨拶は先手必勝」といわれるが，それは無論勝ち負けをいうものではない。自分から先に挨拶する行動習慣のある人は，他人から好印象を持たれる。その積み重ねがビジネスチャンス等につながることがある。どんな時でも挨拶は疎かにしてはならない。

挨拶は，直接対面して行う場合と，人を介してや文書，Eメール等による場合がある。挨拶は応答を旨とし，挨拶には挨拶をもって返すのが礼儀である。

社会人に不可欠の挨拶は，ビジネスマナーとしても発達してきた。職業人のイロハ（初歩）として，昔から挨拶のしかたは厳しく教え込まれた。

(1) **1日の挨拶**（時間帯に配慮する）
おはようございます／こんにちは／こんばんは／ごきげんよう／お疲れさま・お世話さま（でした）／いっていらっしゃい／お帰りなさい／ただいま

(2) **顧客・外部などへの挨拶**（真心を込め，ムラのない態度で行う）
（毎度・いつも）ありがとうございます／（いつも・いろいろ）お世話になっております／（ようこそ）いらっしゃいませ／（このたびは）よろしくお願いいたします／お待ちしておりました／お待たせいたしました

(3) **詫び・謝罪**（失敗したときは，すぐに関係各位・各所に報告する）
（このたびは）誠に申し訳ございません（でした）／ご迷惑（心配）をかけたことをお詫びいたします／ごめんなさい／すみません（でした）

(4) **外出・退社時および他所を辞すとき**（すぐに背中を向けない）
（お先に）失礼いたします／ごめんください／（そろそろ）おいとまします／今後ともよろしくお願いいたします／よい週末を／また明日まいります

(5) **呼びかけ**（相手の時間や空間に割り込むという自覚を持つ）
失礼ですが／今，よろしいでしょうか／もしもし／恐れ入りますが

(6) **確認する**（check & recheck〔念入りな態度〕を徹底する）
復唱いたします／確認させていただきます／お調べいたします／見て（聞いて）まいります／上司に確認してまいります／これでよろしいでしょうか

(7) **時間の流れ**（曖昧な表現はできるだけ避ける）
ただいま（すぐに）まいります（うかがいます）／まもなく出発（到着）します／少々（しばらく・○分）お待ちください／期日までに納品します

(8) **クッション言葉**（相手に配慮する）
お手数ですが／ご足労ですが／足手まといですが／よろしければ／お差し支えなければ／ご負担でしょうが／できま（可能で）したら　　　　（古閑）

---

*相手や時間を選ぶ言葉遣い
「お疲れさま」朝から遣わない。文書，Eメール等の最初の挨拶として使用しない。夜勤明けの人や一仕事終えた人には適当。
「ご苦労さま」原則として，目上の人から目下の人に遣う。

注意したい挨拶の言葉遣い（1日の時間帯，季節に留意）
日本列島は南北に長く，挨拶の言葉には土地柄が反映される。土地の言葉を大切にしたい。挨拶は相手を認めたというサインである。いつでもどこでも誰にでも，笑顔で挨拶しよう。

① 早朝～11時ころ「おはようございます」
② 11時～16・17時ころ「こんにちは」
③ 17時～深夜「こんばんは」
④ その他「いってらっしゃい」「お帰りなさい」「ただいま」「ごめんください」「失礼します」「いただきます」「ごちそうさま」「お邪魔します」「お世話になっております」

「はいオアシス」とその精神は，教育現場や企業等で奨励されている挨拶運動の一種
「はい」は，いつでも打てば響くような気持ちのよい返事
「おはようございます」で始まる明るくさわやかな一日
「ありがとうございます（ございました）」という心からの感謝の気持ち
「失礼いたします（いたしました）」という他への配慮と謙虚な気持ち
「すみません（でした）」という素直で誠実な気持ち

接客用語の基本「あかいおしおよ」
ありがとうございます（ございました）／かしこまりました／いらっしゃいませ／おそれいります（いりました）／しつれいいたします（いたしました）／おきをつけていってらっしゃいませ・おかえりなさいませ／よろしくおねがいいたします

8 便利な敬語

(1) 尊敬語と謙譲語

尊敬語は相手を一段持ち上げ敬意を表わす。主語は相手（相手側）。謙譲語は自分が一段へりくだることで相手に敬意を表わす。主語は自分（自分側）。

動詞	丁寧語	尊敬語	謙譲語
見る	見ます	見られる　ご覧になる	拝見する
来る	来ます	来られる　いらっしゃる	伺う　参る
言う	言います	言われる　おっしゃる	申す　申し上げる
行く	行きます	行かれる　いらっしゃる	参る　伺う

(2) 間違いやすい敬語遣い

誤用例	正答例
・山田様が申しました（申すは謙譲語） ・山田様が申されました （申す＋れる⇒謙譲語＋尊敬語≠尊敬語）	・山田様がおっしゃいました ・山田様がおっしゃいました
・お聞きになられましたか（お聞きになる＋られる⇒尊敬語＋尊敬語＝二重敬語） ・ご昇進されました （ご＋れる⇒尊敬語＋尊敬語＝二重敬語）	・お聞きになりましたか ・昇進されました ・ご昇進になりました

(3) 使い方の基本ルール

社内での上司との会話	❶自分のこと ❷上司のこと ❸他の上司のこと ❹取引先のこと	謙譲語 尊敬語 尊敬語 尊敬語	・私が参ります ・社長がいらっしゃいました ・課長，社長がおいでになりました ・○社の沢田様がおみえになりました
取引先など社外との会話	❶自分のこと ❷自分の上司のこと ❸相手のこと ❹相手の上司のこと	謙譲語 謙譲語 尊敬語 尊敬語	・私が参加いたします ・社長の山田が参加いたします ・沢田様が参加されるということですね ・沢田様がご参加になるということですね
上司の家族との会話	❶自分のこと ❷上司のこと ❸相手のこと	謙譲語 尊敬語 尊敬語	・お電話をいただいたことを申し伝えます ・ただ今，外出なさっています ・ただ今，ご自宅にいらっしゃるのですね

(4) 日常会話で使う丁寧語

相手に敬意を表し丁寧にいう言葉を丁寧語という。「です・ます」「でございます」，名詞に「お（ご）」をつける「お電話」「ご伝言」，ほかに「ちょっと⇒少々」「じゃあ⇒では」「だから⇒ですから」などがある。　　　　（椿）

9　お辞儀のマナー

TPO：Time 時／Place 所／Occasion 場合
時処位：時／所／相手（立場や職位などに配慮する）

お辞儀は、浅いお辞儀から深いお辞儀まであり、時・所・場合（相手）に応じて行う。古閑は、社会人として身につけたい礼儀としてお辞儀を4種類ほど提唱している。屈体（腰の中心から頭頂まで一直線の態）の体勢は、美的身体作法の敬意表現として世界に共通するといえるほどである。教養のありようとして、また感謝やお詫び、お悔やみ等の態度として適切に用いたい。思いは態度に表われるというが、場合に応じてふさわしい言葉を添えたい。

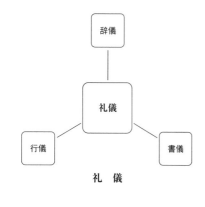
礼儀

お辞儀の種類とその活用の主な場面をあげる。角度は参考程度と考えていただきたい。姿勢をよくし、両足をそろえて行う（止めの作法）と丁寧に映る。むやみにお辞儀を繰り返すと卑屈に映ることがあるので注意したい。屈体した時点で体勢を止め、息を吐く。次に息を吸いながら元の体勢に戻し、息を吐く。呼吸のしかたを身につけると発声がしやすくなり、落ち着いた印象を与えることができる。上体が安定するように腰を構えるとよい。

お辞儀のさいの三息：吐く→吸う→吐く

(1) **会釈**（15度）　視線は1.5メートル先
① 人とすれ違うときの礼
② 部屋への入退室のときの礼
③ 控えている態度としての礼
＊「目礼」は目で会釈すること。目で挨拶の意を伝える。

(2) **敬礼**（30度）　視線は1メートル先
① 最も頻繁に行う礼
② 部屋に入ってからあらためて行う礼
③ 出迎えや見送りの礼

(3) **最敬礼**（45度）　視線は0.5メートル先
① 最上の敬礼
② 大切な人や尊敬する人への礼
③ 顧客や世話になった人などへの礼

(4) **拝礼**（90度）　視線は眼下
① 儀式のさいの礼
② 先祖への礼
③ 心からの思いで自然に深くなる礼

＊選挙の候補者等が行ったり、演劇人が舞台等で行ったりすることがある。

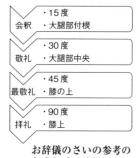
お辞儀のさいの参考の角度と手の位置
（両手は組まない）

（古閑）

10　職場での態度

　学生に「職場と学校の違いは何ですか」と聞くと，「職場は働くところで学校は学ぶところ」と答える。間違ってはいないが，そんな単純な答えでよいはずがない。インターンシップは，学生として何を学び，職業人としてどのように働くかについて理解を深める機会となる。それは，将来の職業選択や職業観の形成に影響を与え，自分に不足な点や新たなる挑戦の必要に気づかせてくれよう。

　インターンシップでは，学生気分で働くことは許されない。企業が受け入れたくないインターンシップ生は，次のような人たちである。

　① 遅刻や無断欠勤をする　② 指示した内容を理解できず指示どおりできない　③ 挨拶が満足にできない　④ コミュニケーションを避ける　⑤ パソコンの操作，語学等のスキルが乏しい　⑥ 服装がだらしない　⑦「はい」と返事しない　⑧ 敬語が適切に遣えない　⑨ 日報等に必要な文章力がない　⑩ 電話応対が不適切

　目的意識や職業意識が低く安易な態度の学生，経済活動の何たるかを理解しないまま参加する学生は受け入れたくないというのが企業の本音である。大学等は心構えのない学生をインターンシップに送ることはできないし，企業は受け入れるはずもない。

　職場のコミュニケーションは，人の話を聞くところから始まる。次の態度を徹底し，成果をあげる一助としたい。

　①　話を聞いていることを態度で示す→相手と正対する。
　②　話は先入観にとらわれずに聞く→最後まで集中する。
　③　話の腰を折らない→途中で割り込まない。
　④　話の要点をつかむ→必ずメモを取る。
　⑤　曖昧な点や不明な点は確認する→復唱し質問する。

　働きやすい環境は，次のような人たちの努力によってつくられる。人の行動や態度，表情などを観察し，よき手本に学びたい。

　① 明るく誰にでも挨拶する人　② 言葉遣いが丁寧な人　③ 機転が利く人
　④ 気配りができる人　⑤ 失敗したら素直に謝る人　⑥ 高圧的でない人
　⑦ 笑顔が自然にこぼれる人　⑧ てきぱきと仕事をこなす人
　⑨ 思いやりのある人　⑩ 親身になってくれる人　⑪ 裏表のない人
　⑫ 気分にムラのない人　⑬ 責任感がある人　⑭ 頼りになる人
　⑮ 問題提起する人　⑯ 前向きな人　⑰ 人の嫌がる仕事を引き受ける人
　⑱ 話しやすい人　⑲ うそをつかない人　⑳ ものを大切にする人

（古閑）

11　事前の準備と訪問

　インターンシップ先への事前訪問は，その職場で働くための心構えや注意事項を確認し打ち合わせるなど，研修生として備えることを目的とする。初日に戸惑うことのないよう，従業員入口や着替えをするロッカールームの場所を確認したり，制服のサイズ合わせ等を行ったりするところもある。

　以下，インターンシップの心構えと事前の確認事項をあげる。

(1)　インターンシップの心構え

① 職場は「大人」を求めている。甘えは捨てよう。
② 客からはインターンシップ生も社員と同様にみえる。責任が伴うことを認識しよう。
③ 積極的に学ぶ姿勢で取り組もう。
④ 職務上知り得たことは他言してはならない。守秘義務を忘れない。
⑤ 常に5分前行動を心がけよう。

(2)　事前の確認事項

① 事前の打ち合わせが必要なインターンシップ先への訪問はすみましたか。
② インターンシップ保険の手続きはすみましたか。
③ インターンシップの目的を再確認しましたか。
④ 企業研究の再確認，日報等の準備はできましたか。
⑤ 洋服，靴，鞄等の準備はできましたか。
⑥ 初日に訪問する部署，担当者の氏名は把握していますか。
⑦ 筆記用具，ネームプレート等，必要な持参品はそろっていますか。
⑧ インターンシップ先からの要望や条件（髪の色，化粧，装身具等）は充たしていますか。
⑨ 研修中の昼食の確認はしましたか。
⑩ インターンシップ前に電話を入れて担当者に挨拶しましたか。1週間程度余裕を持って連絡しましょう。

（椿）

12　出　勤

　インターンシップは，職場やそこでの仕事について学ぶ機会である。意欲に満ちた気持ちで早めに出勤し，気持ちのよい挨拶を心がけ，職場の人たちに受け入れてもらえるような行動をすることが大切である。

(1)　出勤前の準備

　朝は1日の始まりである。「今日も1日頑張ろう」という気持ちで朝の準備をする。

①　健康な体と意欲に満ちた気持ちを作るために，朝食をしっかり取る。
②　新聞に目を通す。忙しいときでも一面に目を通す。
③　身だしなみを整える。
④　今日の予定を確認する。
⑤　時間に余裕を持って家を出る。

　通勤時間・経路は，インターンシップが始まる前に調べておく。天候や交通情報に留意する。

(2)　早目の出勤と仕事の準備

①　始業時間の30分前には職場に到着する。
②　制服がある場合は制服に着替え，身だしなみを整える。
③　1日の予定を確認し，始業時間には仕事を始める体勢にする。

(3)　出勤時の挨拶

①　誰に対しても自分から「おはようございます」と挨拶する。
②　一人ひとり，個別に挨拶する。
③　さわやかな笑顔と明るい声で挨拶する。

(4)　朝の行事に参加

　職場によっては，ラジオ体操や朝礼などを実施するところがある。手伝うことがあれば，率先して手伝う。たとえば，掃除や，お茶をいれるなど。

(5)　自己紹介

①　初日，直属の上司や配属された部署の人たちに挨拶する。朝礼で紹介される場合もある。

　　例：「おはようございます。私（わたくし）は，○○短期大学から参りました○○○○と申します。本日から○日間，インターンシップでお世話になります。どうぞよろしくお願いいたします」

②　他部署や社外の人に挨拶する機会もある。

　　例：「初めまして。私（わたくし），○○大学3年の○○○○と申します。インターンシップで○○部にお世話になっております。どうぞよろしくお願いいたします」

（関）

13　職場の1日（業務時間と休憩時間）

　職場の1日は，原則として始業時間で始まり終業時間で終わる。限られた時間を有効に使い，効率よく仕事を行いたい。仕事は計画的に進め，意欲と向上心を持って取り組みたい。休憩時間は，食事したり体を休めたりするほか，気分転換するなどし，次の仕事にあらたな気持ちで取りかかりたい。

(1)　計画的な仕事
① 出社したら，日程を確認し，1日を有効に使う。
② 仕事の手順とひとつの仕事にかける時間を考える。
③ 予定外の仕事が入ったら，スケジュールを調整する。
④ 退社のさいに1日を振り返り，予定した仕事ができたかどうか確認する。
⑤ 仕事の計画に無理はなかったか振り返り，翌日の参考にする。

(2)　正確，迅速，丁寧な仕事
① ミスのない仕事，正確な仕事を心がける。
② ひとつの仕事に時間がかかり過ぎていないか注意する。
③ 丁寧な仕上げを心がける。
④ よりよい仕事の方法はないか考える。

(3)　仕事の優先順位
① 優先順位の高い仕事から行う。
② 優先順位がわからないときは，上司に尋ねる。
③ 緊急の仕事は，上司に確認し，予定を調整するなど対応する。

(4)　時間厳守
① 始業時間，休憩後の仕事開始時間を守る。
② 会議や面談などの約束の時間を守る。
③ 仕事の締め切りを守る。

(5)　休憩時間や昼休みの過ごし方
① 机の上を整理し，休憩に入る。
② 休憩中の居場所は明確にし，連絡が取れるようにしておく。
③ 休憩に入るとき・休憩から帰ったときは，周囲の人に声をかける。
④ 休憩中，学生気分で大声で話したり騒いだりしない。
⑤ 上司や先輩等とのコミュニケーションを取るように心がける。
⑥ 気分転換し，仕事に備える。
⑦ 休憩の終了時間を守る。
⑧ 早めに仕事の席に戻るように心がける。

(関)

14　遅刻・早退・欠勤

　インターンシップ期間中，体調管理に気を配り，遅刻，早退，欠勤をしないように心がける。職業人の意識を持ち，研修先に迷惑をかけないようにする。

　突発的なことがら，たとえば，交通機関の遅延や体調不良などでやむを得ず遅刻・欠勤となる場合は，速やかに直属の上司や大学の担当者等に連絡する。遅刻，早退，欠勤は災害や事故など不測の事態によることもある。寝坊など，原因が自己にある場合，事実を報告し，詫びる。当然ながら，二度としてはならない。

(1)　遅刻の場合
① 遅刻をしそうだと判断した時点で，直属の上司に連絡する。
② 遅刻をする理由とどのくらい遅れるのかを伝える。
③ 天候や事故などの理由で交通機関が乱れた場合は，駅で「遅延証明書」を請求し，研修先に提出する。証明書に自分の名前を書いておく。
④ 研修先に着き次第，上司と所属部署の関係者に報告する。
⑤ 与えられた仕事に取りかかり，期限までに仕上げるように努力する。仕上げられそうにない場合は，早めに上司に相談し，指示に従う。

(2)　早退の場合
① 体調不良，家庭の事情等で早退するときは，直属の上司に事情を説明し，許可を得る。
② 現在取りかかっている仕事の進捗状況を上司や関係者に報告する。
③ 所属部署の関係者に早退することを伝える。
④ 机上を片付け，上司と所属部署の関係者に挨拶し，帰宅する。
⑤ 翌日出社したさい，上司や関係者に挨拶し，仕事の指示を受ける。

(3)　欠勤の場合
① 体調不良，家庭の事情等で欠勤する場合，前もってわかっているときは早めに連絡し，上司の許可を得る。
② 現在取り掛かっている仕事の進捗状況を上司に報告する。
③ 欠勤したことを，できるだけ早く大学の担当者に報告する。
④ 翌日出社したさい，上司や関係者に仕事が滞ってしまったことを詫び，指示を受ける。
⑤ 欠勤した日の仕事について上司に相談し，指示に従う。　　　（関）

15　離席や外出のさいの注意

　仕事中，離席することがある。時間は，数分間から数時間までさまざまである。行き先は社内のこともあれば社外のこともある。離席や外出のさいは，周囲の人に必ず断る。洗面所に立つときも無駄な時間を取らないようにする。

(1)　離席と外出の例

① 離席：指示により社内の他部署に行く。
② 離席：来客応対のため，給湯室や応接室の準備や片付けをする。
③ 離席：来客の送迎のため玄関まで行く。
④ 離席：会議室の準備，片づけをする。
⑤ 離席：コピー室に行く。
⑥ 外出：指示により社外に出る。金融機関への使い，営業に同行するなど。

(2)　机上の整理

① 書類は伏せて置くか，引き出しに入れる。
② 重要書類は，必ず引き出しに入れる。
③ 机上は常に整理整頓を心掛ける。

(3)　離席や外出のさいの注意

① 周囲の人に行き先，用件，所要時間を伝える。
② パソコンに記録したりメモを残したりする。

(4)　注意すべき社内での行動

① 他部署を訪問するときは，挨拶する。
部署名，名前を名乗り，用件を伝える。用件終了後，挨拶して戻る。
② 廊下は端を静かに歩く。
③ 廊下などで出会った人には挨拶する。
④ 無駄話をしない。

(5)　注意すべき社外での行動

① 他社を訪問したさいは，受付で挨拶する。
会社名，部署名，名前を名乗り，用件を伝える。用件終了後，挨拶し，辞す。
② 会社の一員であるとの意識を持って行動する。

(6)　席に戻ったさいの注意

① 周囲の人に「ただ今戻りました」「いってまいりました」など，声に出して伝える。
② 指示された仕事を終えて戻った場合は，指示した人に報告する。
③ 離席中に何かなかったかなど周囲の人に確認する。　　　　（関）

16　退　社

　職場では，退社の挨拶をするまで気を抜かない。退社前には上司に仕事の報告をし，何かすることはないか申し出る。「帰宅してよい」といわれてから帰る準備をする。終業時間になったからといって，すぐに片づけ黙って帰らない。終業時間前に退社するのはもってのほかとなる。

(1)　仕事の確認

　終業時間が近づいてきたら，指示された仕事ができたかどうか確認する。今日中にしなければならない仕事は仕上げてから帰るようにする。仕事が仕上がりそうにない場合は，上司に相談する。

(2)　日報作成

　1日を振り返り日報を書く。仕事の出来具合はどうだったか，仕事にかかった時間は適当だったか，など振り返る。改善点はないか，自分の仕事が他の仕事とどのように関係しているのかを考える。何に取り組んだか，何を学んだか，反省点は何かなど具体的に記録する。

(3)　仕事の報告

　上司に，行った仕事について報告する。何か他にすることはないか聞き，「帰ってよい」といわれたら帰るしたくをする。

(4)　予定の確認

　翌日の予定を確認し，仕事の状況や内容を頭に入れる。準備できることがあれば準備し，翌朝すぐに仕事に取りかかれるようにする。

(5)　片づけ

　所属部署内などの片づけを手伝う。自分の机の上の書類はすべて片づける。共用の書類は元に戻し，自分が保管しておく書類は引き出しに入れる。指示されなくても，給湯室など自分たちが使用したところは片づける。

(6)　退社時の挨拶

　上司や関係者に，「本日はありがとうございました」「あすもよろしくお願いいたします」「お先に失礼いたします」「きょうもお世話になりました」などと挨拶する。最後まで気を抜かず，誰に対しても退社の挨拶をする。

（関）

17　仕事に必要な5つの意識

　仕事をするうえで，よりよい仕事をしようという意識が大切である。なかでも，顧客意識，コスト意識，時間意識，協力意識，向上意識の5つの意識が大事である。

(1)　顧客意識

　企業は，顧客に商品やサービスを提供し，利益を得る。顧客あっての企業である。顧客が求めているものは何か，顧客が喜ぶものは何かということを第一に考え，商品やサービスを提供しなければならない。インターンシップでは，「仕事はすべて顧客や世界につながっている」ことを学びたい。

(2)　コスト意識

　仕事を完成するためにかかる物，金，時間を「コスト」という。仕事は，すべてコストがかかる。同じ仕事をするにも，コストが低いほど利益率が上がる。毎日の仕事のなかの無駄を徹底的に排除しなければならない。電気代，電話代，消耗品代等あらゆるものにコストがかかっていることを意識して仕事をすることが求められている。

(3)　時間意識

　仕事には期限がある。期限を守ることが原則である。仕事は他の仕事につながっているため，ひとつの仕事の遅れが次の仕事に影響を及ぼす。計画を立てて仕事を進め，期限に間に合うように仕上げることが大切である。

　仕事は，時間で動いている。出勤時間，会議の開始時間，打ち合わせの開始時間など，時間は守らなければならない。提示された時間に間に合えばよいのではなく，その時間に仕事が始まると心得よう。遅参はもってのほかとなる。遅参は，関係者すべての時間を奪うことになる。5分前行動を心がけよう。時間を厳守する態度が信用や信頼につながる。

(4)　協力意識

　職場では，ひとつの目標を達成するために何人もの人が協力し合って仕事を行う。報告・連絡・相談は必要に応じて行う。お互いに助け合い，力を合わせて仕事をしたい。与えられた自分の仕事に責任を持って取り組もう。また，常に周囲に気を配り，積極的に声を出して手伝うように心がける。

(5)　向上意識

　常に仕事の改善，工夫を心がける。ひとつの仕事を覚えたら，もっとよい方法はないか，工夫できることはないか，時間の短縮はできないか，効果的な仕事のしかたは，などと考えたい。仕事の質をあげ，自分の能力を高めていく努力が大切である。

（関）

18 PDCAサイクル

仕事を効率的に進めるため，PDCAサイクル（マネジメントサイクル）と呼ばれる経営管理の手法が用いられる。PDCAサイクルとは，Plan（計画），Do（実行），Check（点検），Action（調整・改善）の4つのステップの循環をいう。PDCAサイクルによって自分の仕事を管理し，次の仕事にその経験を生かすことでより効率的に仕事をすることが目的である。

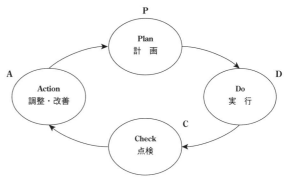

5W1Hが基本
When（いつ） Where（どこで）
Who（誰が） What（何を）
Why（なぜ）
How（どのように）
How much（いくらで）
How many（いくつ，何人）

(1) **Plan（計画）**
① 指示された仕事の内容，目的，期限を理解する。
② 5W3Hで仕事の内容を整理する。
③ 実施方法を何とおりか考える。
④ 実施計画を立てる。

(2) **Do（実行）**
① 計画を実行に移す。
② 途中で問題が生じたら，上司に相談する。
③ 結果に至るまで，経過報告を怠らない。

(3) **Check（点検）**
① 計画どおり実行できたか点検する。
② 指示された内容ができたか点検する。
③ 期限を守れたか点検する。
④ 無理や無駄はなかったか点検する。
⑤ 順調にできたことを整理する。
⑥ 途中でどのような問題が生じたか整理する。

(4) **Action（調整・改善）**
① 計画と実行との間に差が生じた場合は，次の実施に向けて調整する。
② 仕事の質の改善を考える。
③ 時間の短縮を考える。
④ コストの削減を考える。
⑤ 効果的な方法はないか考える。
⑥ なぜ順調にできたか考える。
⑦ なぜ問題が生じたか原因を探り，改善策を考える。
⑧ よかった点，問題点，改善方法を記録し，次に生かす。　　　　　（関）

19　職場のルール

就業中は，以下のことに気をつけたい。

(1)　礼儀正しい態度

① すべての人に敬意を持って礼儀正しく接する。
② よい人間関係を築くために積極的に挨拶する。
③ 人への態度は「親しんで狎れず」とし，言葉遣いや態度に注意する。
④ いやなことがあっても顔に出したり，感情的になったりしない。

(2)　時間厳守

① 始業・休憩・会議・約束などの時間を守る。
② 5分前行動など，常に早めの行動を心がける。

(3)　公私混同の厳禁

① 職場の備品や用具を私物化しない。
② ボールペン1本でも持ち帰ったりしない。

(4)　私語や私用電話の厳禁

① 私語は慎み，仕事に集中する。
② 私用電話はかけない。かかってきたときは手短にすませる。
③ 就業時間中は，携帯電話の電源は切るかマナーモードにする。
④ 貸与されたパソコンで，私用のEメールのやり取りは行わない。

(5)　整理整頓

① ロッカー，机の上や引き出しの中は，常に整理整頓しておく。
② 必要なものは，すぐに取り出せるようにしておく。
③ 共用の書類や備品は，使用後すぐに元に戻す。
④ 不要な書類等は適切に処分する。重要書類はシュレッダーにかけるもしくは焼却処分するなど。
⑤ 飲み物や茶碗などは，すぐに片付ける。

(6)　社内美化と環境に配慮

① ごみ削減の工夫をする。
② 情報は電子化し，できる限り紙を使わない。
③ コピーは必要枚数を取り，ミスコピーをしないようにする。
④ メモ用紙は，使用済み書類の裏を利用する。
⑤ 空き缶や空きびんは，所定の場所に捨てる。
⑥ 重要書類以外の使用済みの紙は，クリップやステープラの芯を取り除き，リサイクルに出せるようにまとめておく。
⑦ 禁煙もしくは指定場所以外で喫煙しない。

(関・古閑)

20　指示の受け方

インターンシップ先では，配属先の上司や担当者から指示を受けて仕事を行うことになる。指示を受けるさいに大切なことは，"正確に理解"するということである。聞き違いや思い違いをしないように注意する。

(1)　呼ばれたさいの行動
① 呼ばれたら，速やかに対応する。
② 明るくはっきりとした声で「はい」と返事をする。
③ メモ用紙と筆記具を持って行く。
④ 「お呼びでしょうか」と声をかける。

(2)　指示の受け方
① 5W3Hを意識し，要点を確認しながら聞く。
② 簡単なことでもメモを取る。
③ 記憶に頼らず記録する態度を養う。失敗を防ぐことに通じる。

(3)　指示の最後に質問
① 途中で遮らず，最後まで聞く。
② 疑問点や曖昧な点は，最後に質問する。
③ 複数の指示を受けたときは，優先順位の指示を仰ぐ。
④ 他の仕事を抱えているときは，その旨を説明し，指示に従う。

(4)　指示された内容の復唱
① 指示された内容を復唱し，確認する。
② 数字や固有名詞は確認する。「1（いち）と7（しち）」など。
③ 締め切りや納期など，期限は必ず確認する。

(5)　指示に従い実行
① 指示された仕事は，相手の意向を確認しながら行う。
② 自己流で仕事をしない。
③ 仕事の途中で不明な点が出た場合は，相談し，指示に従う。
④ 期限内に仕事を仕上げ，報告する。
⑤ 期限より早く仕事が終了したら，その時点で報告する。
⑥ 仕事は，経過・中間報告をし，最後に結果を報告する。

(6)　上司や担当者以外からの指示の受け方
① 他からの指示は，上司や担当者に報告し，指示を仰ぐ。
② 簡単にできて他の仕事に支障や影響がないと判断した場合でも，原則として勝手な判断は慎む。仕事の流れや優先順位が変更する可能性がある。

(関・古閑)

21 報告・連絡・相談・伝達・説明＋確認

　仕事を進めるさいは,「報告・連絡・相談・伝達・説明＋確認」(古閑)が不可欠である。略して「ホウレンソウデンセツカク」(<u>報</u>告・<u>連</u>絡・<u>相</u>談・<u>伝</u>達・<u>説</u>明＋<u>確</u>認)という。

　上司や周囲とのコミュニケーションは必須であり,疑問点や問題点があれば相談し解決しなければならない。「ホウレンソウデンセツカク」を確実に実践することで状況の変化に対応しつつ,仕事を的確に遂行することができる。

　早く相談すれば解決できることも,時間が経過すると取り返しのつかないことになってしまう場合がある。些細なことでも報告や連絡をし,相談しよう。報告のしかたは,以下のとおりである。

(1) **仕事終了の報告**

　報告には中間報告のほか,近況報告,事後報告,経過報告,結果報告,最終報告,情況報告などがある。

　指示者や依頼者に対する報告は,当然の業務である。どのような仕事であれ,終了後,必ずすぐに報告する。報告が受理された時点で仕事は完了する。

(2) **中間報告**

　仕事は,中間報告が義務づけられている。中間報告することで,上司や周囲から助言を得ることができる。仕事が終了するまで何も報告しないということは職務怠慢とさえいえる。

(3) **失敗したさいの報告**

　失敗をしたらすぐに報告する。事実を時系列や内容に基づいて正直に報告し,言い訳せず誠心誠意謝ろう。失敗は自分ひとりの問題としてはならない。報告することで,原因や解決方法などを職場で共有することができる。失敗した本人は反省し,二度と同じ失敗をしないようにする。

(4) **報告の流れとしかた**

① 業務終了後,すぐに報告する。
② 指示者や依頼者に直接報告する。報告内容により,守秘義務がともなう。
③ 最初に結論を示し,続いて理由,経過を説明する。
④ 要領よく簡潔に話す。
⑤ 客観的事実を正確に述べ,自分の意見は区別して話す。
⑥ 口頭だけではわかりにくい場合は,文書,図表などを用意する。
⑦ パソコンのＥメールに資料や報告書等を添付するさいは,送信先を確認する。
⑧ 直接対面式ではなく,Ｅメール,電話,ＦＡＸなど通信機器を利用するさいは,機能に応じて対処する。

(関・古閑)

22 受付・案内業務

(1) 受付業務

受付業務は，来客を気持ちよく迎え，訪問目的を確認し，的確に対応するのが仕事である。受付の印象はその企業の印象を左右しかねない。表情，言葉遣い，態度，動作などに気をつけ，正確，迅速，親切，誠実，丁寧，公平な応対を心がける。

① 来客に対し，立ち上がり，笑顔で「いらっしゃいませ」と挨拶する。
② 来客の会社名，名前，用件を確認する。
③ 名刺を出されたら，必ず両手で受け取り，会社名，名前を復唱し，確認する。
④ 社内の人に取り次ぐ。
⑤ 来客から預かった名刺は，「ありがとうございました」といって返す。

(2) 案内業務

案内業務は，その場に不案内な来客の不安を取り除き，応接室など面談場所まで迅速かつ安全に案内する仕事である。

① 案内する場所を知らせる。「第一応接室にご案内いたします」など。
② 廊下を歩くときは，来客の2，3歩前を左か右に寄って歩く。基本は「右上位」。背中に目があるような気持ちで，来客の歩調に合わせて歩く。
③ 案内する方向を手指で示し，「こちらでございます」などと声をかける。
④ 階段では，「(お)足元にご注意ください」と声をかける。上りのときは案内人が来客の後ろを歩き，下りのときは案内人が先に歩く。
⑤ エレベータでは，原則として来客を優先する。エレベータに誰もいないときは「お先に失礼します」と声をかけ，案内人が先に乗り，「開」のボタンを押して来客を待つ。
⑥ 案内する部屋に着いたらノックし，中に人がいないことを確認してから，「こちらでございます」と声をかける。
⑦ 外開きのドアの場合，廊下側でドアノブを持ち「どうぞお入りください」と案内する。内開きのドアの場合，「お先に失礼します」と声をかけ，案内人が先に入る。中でドアノブを持ち，「どうぞお入りください」といって来客を招き入れる。
⑧ 来客は上座に案内する。
⑨ 「ただいま○○が参りますので，少々お待ちください（ませ）」と挨拶し，一礼して退室する。
⑩ 社内の面談者に，来客を応接室に案内したことを伝える。

(関・古閑)

職場では，歩き方はマナーというだけでなく，危機管理や顧客第一の考え方を反映したルールとして重視されている。次のことがらに注意しよう。
① 廊下の真ん中を歩かない
② 数名で横並びに歩かない
③ 来客には，足を止めて挨拶する
④ だらだらとした様子で歩かない
⑤ むやみに走らない
⑥ 飲食しながら歩かない
⑦ 大声で話しながら歩かない
⑧ 書類はむき出しで持ち歩かない
⑨ すれ違う人に会釈する
⑩ 困っている人を無視しない

「右上位」と「左上位」 国際的慣例では「右上位」，和室では「左上位」。

上座 職位が上位の人や客が座る席をいう。入口から遠い席が上座。

応接室の席次

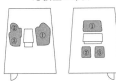

ドアから遠い席が上席

部屋に事務机がある場合机から遠いところが上席

23 名刺の受け渡し

ビジネスでは，初対面の相手に自己紹介するさい，名刺を用いる。名刺には，会社名，役職名，名前，住所，電話番号，FAX番号，Eメールアドレス等の重要な情報が印刷されている。名刺は，その人本人の顔だと思い，大切に取り扱う。基本は両手扱い。

(1) 名刺の扱い方

① 名刺は名刺入れに入れ，常に10～20枚は用意しておく。

② 名刺入れは，男性は上着の内ポケット，女性はバッグの取り出しやすい場所に入れておく。

③ 受け取った名刺は，折り曲げたり，もてあそんだりしない。

(2) 名刺の渡し方

① 名刺を渡すさい，会社名と名前を名乗る。
「私，○○会社の○○と申します。よろしくお願いいたします」

② 名刺は，両手で胸の高さに持ち，正面を相手に向けて渡す。

③ テーブル越しに渡さない。

④ 会社名や名前を指で押さえない。

(3) 名刺の受け方

① 名刺は，胸の高さを目安に両手で受け取る。

② 名刺をやや押しいただくようにし，「恐れ入ります」「ちょうだいいたします」などの言葉を添える。

③ 会社名，名前を復唱し，確認する。

④ 読み方がわからないときは，「失礼ですが，どのようにお読みするのでしょうか」と確認する。

⑤ 会社名や名前を指で押さえない。

(4) 名刺の同時交換

① 交換するさいは，職位が下位の人から会社名，名前を名乗る。

② 右手で自分の名刺を差し出し，同時に左手で相手の名刺を受け取る。

③ 受け取った名刺は，両手で胸の高さに持ち，内容を確認する。

(5) 名刺の活用

① 受け取った名刺に，日付，用件，相手の特徴などを直接書き込んだり，パソコンで情報を整理したりする。相手の特徴等を把握し，その後の良好な人間関係に結びつける。

② 受け取った名刺は，名刺整理箱や名刺整理簿に整理し，いつでもすぐに取り出せるようにする。

（関・古閑）

押しいただく　物をうやうやしく顔の上にささげる動作のこと。

受けとった名刺の持ち方
（時計盤の3時9時にあたる辺を持つ）

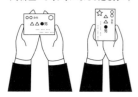

名刺に書かれている名前を隠さないように持つ

名刺の同時交換

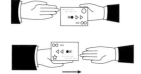

24　来客への応対：出迎えと見送り

(1) 出迎え

来客に対し，「ようこそいらっしゃいました」という歓迎の気持ちで迎える。笑顔と「親切・丁寧・機敏・優雅」な態度で迎えたい。来客には，予約客と突然の客がある。来客への応対の注意事項は，以下のとおりである。

① 立ち上がって挨拶する

来客に対し，立ち上がって挨拶する。来客の目を優しく見て「おはようございます」「いらっしゃいませ」と挨拶し，丁寧にお辞儀をする。

② 姿勢に気をつける

立ち上がるときは両足の力でスッと立つ。背筋を伸ばし，かかとを揃え，両足に均等に体重をかけ，手指を伸ばして体の前で重ねる。来客に対する姿勢は前傾姿勢を心がける。

立ち上がる前の座っている姿も来客の目に入るので注意する。

(2) 見送り

来客を見送るときは，「わざわざお越しくださいましてありがとうございました」という感謝の気持ちで見送る。何事も最後が最も大切で，最後をよい印象で締めくくる。見送りをする場所は時と場合によって変わる。来客が見えなくなるまで見送りたい。

① 部屋の出入口まで見送る

仕事の手を止め，すぐに立ち上がり挨拶する。笑顔で「ありがとうございました」「失礼いたします」と挨拶し，丁寧にお辞儀をする。

② エレベータまで見送る

昇降ボタンを押してエレベータを呼ぶ。来客が乗ったことを確認後挨拶し，ドアが閉まるまでお辞儀をする。火災や災害時には使用しない。

③ 玄関まで見送る

玄関まで案内し，来客が外に出たところで挨拶する。来客が振り返ることがあるので姿が見えなくなるまで見送る。

④ 車まで見送る

車のドアを開け，来客が乗車したことを確認後挨拶し，ドアを閉める。車が動き出したら一礼し，車が見えなくなるまで見送る。

（関）

25 席次のマナー

席次とは，座席の順番のことである。自動車，航空機，新幹線，会議やパーティなどの席次のマナーに留意したい。

(1) 上席と末席

職位が上位の人が座る席を上席（上座），下位の人が座る席を末席（下座）という。来客には上席を勧める。末席には，通常，職位が下位の人が座る。遠慮や謙譲の美徳として，あえて末席を選択する場合があるので注意したい。

(2) 応接室の席次

応接室

① 入口から遠い奥の席が上席，入口に近い席が末席
② 事務所内に応接コーナーがある場合は，事務机から遠い席が上席
③ ソファと肘掛け椅子がある場合は，ソファの席が上席
④ 飾り棚を背にする席が上席
⑤ 窓や絵が正面から見える席が上席

(3) 自動車の席次

自動車（業務用）

（自家用）

① 業務車の場合は，運転席のうしろが上席で，助手席が末席。4人乗る場合は，運転席のうしろが上席，助手席のうしろが次席，後部座席の中央が3番目，助手席が末席。ただし，顧客は後部座席に2人までとする。
② 自家用車，上司または目上の人が運転する場合は，助手席が上席

(4) 日本間での席次

日本間

① 床の間を背にする席，もしくは床の間に近い席が上席
② 入口に近い席が末席
③ 庭を背にする席が上席

(5) 列車での席次

列車

① 進行方向の窓側が上席
② 3人掛けの席の場合は，窓側が上席，通路側が次席，中央が末席。通常，職位からして動きやすいように通路側を末席にすることが多い。
③ 2人掛けの席が向かい合っている場合は，進行方向の窓側が上席，次席はその向かい側，3番目は上席の隣り，進行方向に逆向きで通路側が末席

(6) 飛行機の席次

① 窓側が上席で中央が末席

(7) エレベータの立ち位置

エレベータ

① 入口から遠く案内人のうしろが上位の人の位置
② エレベータの操作ボタンのところが案内人もしくは下位の人の位置

飛行機

（関・古閑）

26 茶菓のもてなし

来客には，来訪への感謝の気持ちを込めてお茶を出す。お茶のもてなしは，好意の表現のほか，営業的・戦略的に活用されている。

(1) 清潔な身だしなみ
① もてなす前に，服装を点検する。
② 長い髪はまとめるなどし，お辞儀をしたときに落ちてこないようにする。
③ 爪の長さに注意し，清潔に保つ。派手な色のマニキュアは避ける。
④ 邪魔になるアクセサリー等ははずすなど配慮する。

(2) お茶を入れるさいの注意
① 手を洗い，清潔な急須，茶碗，布巾を用意する。
② 茶葉の種類によって湯の温度や注ぐまでの時間を変える。
③ 人数分の茶碗に濃さが均等になるように注ぐ。
④ 日本茶は茶碗の七分目，コーヒーや紅茶はカップの八分目を目安とするとよい。ソーサーや茶托に水滴が落ちていないか注意する。
⑤ ペットボトルは，カップを用意する。

(3) お茶の出し方
① 盆を両手で胸の高さに持って運ぶ。
② ドアをノックし，一呼吸おいて入室する。態度が落ち着いてみえる。
③ 入室後，入口で会釈し，盆をサイドテーブルに置く。サイドテーブルの用意がない場合は，盆を片手で持ったままお茶を出す。
④ 茶托や受け皿は両手で持つ。持つときの目安は，右手が3時，左手が9時の位置。盆も同様である。
⑤ 茶托や茶碗，カップや受け皿の模様や天地（上下）に注意する。茶托の模様が木目の場合，横にそろえる。模様の多少，図柄の派手さなどに注意。模様が多く派手なほうを正面にする。
⑥ 来客の上位の人から，ひとりずつ両手で出す。
⑦ お茶を出すときは，「どうぞ」「粗茶でございます」など，言葉を添える。
⑧ テーブルの上に書類等がある場合は，「失礼いたします」と声をかけながら，それらをよけて出す。勝手に書類等にさわり，移動させない。
⑨ お茶を出し終えたら，盆を左脇に抱え，入口で会釈し，静かに退室する。もしくは持って来たときと同じようにして盆を持ち帰る。

(4) お菓子の出し方
① お菓子を出す場合は，先にお菓子，次にお茶の順に出す。
② 来客からみて，お菓子は左側，お茶は右側におく。　　（関・古閑）

cup & saucer カップと受け皿

27　失敗を減らす仕事のしかた

人は誰でも失敗した経験を持っている。職場では，失敗を極力避けようとする態度が肝要となる。日常の心がけ次第で失敗は減らすことができる。

(1)　確認の徹底

①　指示を受けたら，復唱して確認する。

聞き間違いや聞き漏らしがないか，5W3Hで整理して確認する。

②　仕事の期限を確認する。

担当者や顧客から「急がない」といわれても，相手が思っている「急がない」と自分が思う「急がない」とは，時間感覚が異なることがある。「いつまでに」ということを必ず確認する。

③　わからないことは質問し，確認する。

わからないことは，そのつど確認し，正確な仕事をする。曖昧なまま取り掛かると失敗につながる。

④　仕事が終わったら見直し，念入りに確認する。

指示されたとおりに仕事ができたか確認する。文章に誤字・脱字はないか，表現は適切か，数字の書き間違いや写し間違いはないか，計算間違いはないか，などを見直し，念入りに確認する。

(2)　メモや記録の利用

①　指示を受けるときは，メモを取りながら聞く。

記憶よりも記録である。指示を正確に聞き取り，メモを取る。

②　電話を受けるときは，最初からメモを取る。

声だけの情報は，簡単なことでもメモを取る。

③　教わったことを記録する。

一度教わったことはノートやパソコンなどに記録し，次からはその記録を参照し仕事をする。"覚えているつもり"で仕事をする人は，失敗しがちである。必ず記録する習慣をつけよう。同じ質問を繰り返さないためにも記録する。

④　変更がわかるように記録する。

変更事項は変更前の文字を二重線で消し，変更前と変更後の違いを明確にする。ファイルや件名には，必ず作成や記録した年月日を記載する。

⑤　失敗したことを記録する。

失敗したことを記録し，二度と同じ失敗をしないようにする。失敗の原因とそれへの対処法を記録しておく。

失敗したら十分反省するとともに，いつまでもクヨクヨしないで前向きに仕事に取り組むことが肝要である。

（関）

28 失敗への対処

　環境や仕事に不慣れなことから失敗することがある。好きで失敗する人はいないであろうが，失敗しない人もいない。失敗を挽回できるかどうかは，失敗したあとの態度や行動にかかっている。失敗したもしくはそう判断されたと思ったときこそ「報告・連絡・相談・伝達・説明」を実践しよう。

　失敗に対し，素直に謝る態度が評価される場合と，慎重に対処する取り組みが評価される場合がある。日本では，相手に非がある場合でも儀礼的に「こちらこそ（申し訳ございませんでした）」などといって謝ることがある。外国企業や外資系企業等のなかには，事実確認を第一とする取り組みがある。失敗に的確に対処するためには，異文化理解や行動文化に関心を持つ態度が必要である。

(1) **隠さないで対処**
① 失敗をひとりで抱え込まない。
② 失敗は隠さない。隠してもすぐに，あるいはいずれわかるものである。
③ 小さな失敗が原因で大きなトラブルになることがある。
④ 失敗には迅速に対処する。
⑤ 失敗はひとりの問題ではないと肝に銘じる。

(2) **速やかに対処**
① 迷惑や損害をかけた場合，謝るだけでなく必要かつ具体的に対処する。
② 失敗は，直ちに企業や大学の担当者に報告する。大学等によっては，日報のほかに日々報告を義務づけているところもある。「特に問題はありません」「きょうはこのような失敗をし，注意を受けました」など。

(3) **素直に謝罪**
① 他人のせいにしたり言い訳をしたりしない。
② 不機嫌な顔や反抗的な態度をとったり感情的になったりしない。

(4) **失敗を繰り返さない工夫**
① なぜそのような失敗をしたのか，原因を考える。
② 同じ失敗をしないための方法を考える。担当者に相談する。
③ 失敗という結果を招いたことを反省する。
④ 失敗の原因とそれへの対処法を記録し，職場で共有する。
⑤ 同じ失敗を続けてしない。

　失敗は誰でも経験する。職業人は，失敗が人を育てるということを知っている。仕事は，失敗を恐れず，挑戦者の態度で臨みたい。（関・牛山・古閑）

失敗　やってみたが，うまくいかないこと。英語のミス（miss）の本義は，「意に反して～しそこなう」である。

29 電話応対の基本

電話は，ビジネスツールの必需品である。取引先や顧客からの商品の注文，問い合わせ，面会の予約，苦情など，電話が鳴らない日はない。電話応対の印象は会社の印象を左右する。会社を代表して会話する意識を持ちたい。

(1) 感じのよい話し方

固定電話や携帯電話（以下，電話）を使用するさいは，感じよく話す。

① 明るい声で話す。
② 丁寧な言葉遣いで話す。
③ 笑顔で正しい姿勢で話す。話し手の雰囲気は受話器をとおして伝わる。

(2) わかりやすい話し方

話の内容がよくわかるように，ゆっくり，はっきり，正確に伝える。

① 声の音量，高低，速度などに注意する。
② 一語一語はっきりと発音する。
③ 間を取りながらゆっくり話す。
④ わかりやすく，正確に発音する。
⑤ 同音異義語，類似音，固有名詞の発音に注意する。

(3) 間違いを防ぐ工夫

電話をかけるときや受けるときは，記憶に頼らず，メモや資料等を活用する。間違いを防ぐためには，メモを取ることおよび復唱が大切である。

① 電話をかけるときは，メモを作成し，見て確認しながらかける。
② 電話を受けるときは，最初からメモを取る。
③ 大事なことは復唱し，聞き取りにくいことがあれば，「もう一度お願いします」などといって確認する。
④ 曖昧な点はそのままにせず，聞き直すなどして確認する。
⑤ 会社名，名前，日時と曜日などは聞き違えやすいので注意する。明確に発音する，他のわかりやすい言葉に言い換えるなど工夫する。

(4) コスト意識

電話は電話代がかかる。また，相手と自分の大切な時間を使っている。常にコスト意識をもち，簡潔な電話応対を心がける。　　　　　　　　　　（関）

30 電話のかけ方の基本

(1) 電話をかける準備
① 必要な書類や資料を手元に置く。
② メモと筆記具を準備する。
相手の会社名，部署名，名前，電話番号，用件（5W3Hで整理しておく）

(2) 電話のかけ方
① 電話番号を間違えない。
② 相手を確認してから名乗る。
「私，○○会社のインターンシップ生の○○と申します」
③ 挨拶する。
「いつもお世話になっております」「このたびはお世話になります」
④ 取り次いでもらう。
「恐れ入りますが，○○部の○○様をお願いいたします」
⑤ 取り次いでもらったら，もう一度名乗り，挨拶する。
⑥ 用件を伝える。
メモを見ながら要領よく話す。
相手が復唱するのを聞いて，正しく伝わったかどうか確認する。
⑦ 終わりの挨拶をする。
「それでは，○○の件をよろしくお願いいたします」「失礼いたします」
⑧ 受話器を置く。
原則として，電話をかけたほうが先に切る。
相手が目上の人や社外の人の場合は，相手が切るのを待つ。

(3) 電話が間違って切れてしまったとき
原則として，電話をかけたほうがかけ直す。

(4) 電話をかける時間帯
原則として，就業時間内に電話する。就業時間であっても，朝夕の忙しい時間帯，昼休みとその前後，週の始めや終わり（月曜日の朝，金曜日の夕方）などは，相手の都合を考えて電話する。

(関)

31　電話の受け方の基本

(1)　電話の受け方

① メモと筆記具を電話の近くに用意しておく。

② ベルが鳴ったら2コール以内に出る。

利き手に筆記具を持ち，もう一方の手で受話器を取る。

③ 会社名を名乗る（所属，名前まで名乗る場合もある）。

「はい，○○会社（○○部の○○）でございます」

3コール以上待たせた場合

「お待たせいたしました。○○会社（○○部の○○）でございます」

④ 相手が名乗ったら，復唱して確認する。

「○○会社の○○様でいらっしゃいますね」

⑤ 挨拶する。

「(こちらこそ) いつもお世話になっております」

⑥ 用件を聞く。

5W3Hにのっとってメモを取り，復唱して確認する。

自分が応対する場合と話したい本人に取り次ぐ場合がある。

⑦ 終わりの挨拶をする。

相手が終わりの挨拶をしたあとで挨拶をする。

「失礼いたします」「ごめんください（ませ）」

⑧ 受話器を置く。

相手が受話器を置いたことを確認してから，受話器を静かに置く。

(2)　話したい本人が不在のとき

　話したい本人が不在のときには，不在であることを告げ，「伝言を聞いておく」「他の担当者に代わる」「折り返し電話をする」などの案を出し，相手の意向に従う。伝言を頼まれたら要点を確認しながらメモを取り，自分の名前を告げる。

　伝言内容をメモし，伝える本人の机の上に置く。内容によっては，裏返しにして置く。伝言メモには相手の会社名，名前，電話番号，用件，受付日時，電話を受けた者の名前を書き記す。本人が戻り次第，口頭でも伝言メモのことを伝える。

(3)　間違い電話を受けたとき

　間違い電話を受けたときは，何番にかけたか尋ね，間違いであることを相手に伝える。親切で丁寧な受け答えを心がける。

(関)

32　携帯電話のマナー

　1970年，大阪万国博覧会で日本初の携帯電話が登場した。1990年代にデジタル化が進み，またたく間に誰もが携帯を持つ時代になった。このスピードにマナーが追いつかない人が指摘されるようになり，近年社会問題として取り上げられるようになった。社会人として携帯電話のマナーを確認しておこう。

　①　通行中の電話

　通行中かかってきた電話に急に立ち止まって出ると，通行の流れを止めてしまう。また歩きながら話すと，歩行速度が遅くなり周りに迷惑がかかる。周囲に人のいない場所に移動し，邪魔にならないように話す。

　②　レストランで

　レストランで，大きな声で電話に出る人がいる。周りの人はその間，食事や会話に集中できなくなり大変不快になる。事前に，電源を切るかマナーモードに設定する。仕事の会食の場合，かかってきた電話は無視するか，相手に断り電話コーナーなどに移動して話すことが求められる。

　③　会議や打ち合わせで

　会議や打ち合わせ中に，呼び出し音，バイブレーターの振動音が響くと，話の流れを遮ってしまう。会議が始まる前や打ち合わせに入る前に，必ずマナーモードにするか電源を切っておく。

　④　病院・飛行機で

　法的基準にしたがう。注意の張り紙を見落としたりアナウンスを聞きもらしたりしないようにする。

　⑤　電車内や運転中

　マナーモード，ドライブモードにする。仕事の関係者からの重要な電話の場合は，「今，電車の中です。あとでかけなおします」と伝え，すぐに切る。緊急の場合は，次の駅で降りて連絡する。車の運転中の電話は道路脇に寄せ，止めてから連絡する。

　運転中の携帯操作は違反となる。　　　　　　　　　　　　　　（椿・古閑）

33　Eメールのマナー

　携帯メールを使用する若者に多いといえるが，メール文中で自分を名乗らないため，誰からのメールかわからず，返答できない場合がある。不明なメールには返信しないもしくは削除する，などと決めている人もいるので気をつけよう。

　ビジネスメールには一定のルールとマナーがある。メールは，文書の表現次第で言い方が強すぎるように感じることがあるなど，言葉で直接伝えるより配慮を必要とするものである。誰に読まれても構わない文言や表現を心がけるほか，書き終えたら，必ず読みなおす習慣を身につけたい。

　受信したメールを，無断で他人に転送する人がいないわけではない。一度送信したものはどこに流れるかわからないと思い，用心する人は増えている。他人に漏れてはならない内容は，メールで送らないという方針も必要である。メール通信上の行動倫理を持ち合わせることが求められる。

　メールは，① 簡潔明瞭に記す，② 返信が必要なメールには速やかに返信する，が鉄則である。次のEメールの基本的なマナーを守って送信しよう。

① 件名（Subject）

　本文の内容が明確に伝わる件名にする。送信人を明記する。

② 挨拶文

　必ず挨拶文を入れる。ただし，手紙文のような前文は必要ない。「いつもお世話になっております」等は便利に使用される。ここであらためて名乗る。

③ 本　文

　本文は簡潔にし，箇条書きなどを活用する。込み入った内容は添付ファイルで送る。「つきましては〜」でメールした目的を述べる。

④ 末文・署名

　終わりの挨拶と署名を入れる。署名はフォーマットを作成して自動的に入るようにしておく。

⑤ 文字数

　1行の文字数は20〜30字程度として，読みやすくする。

（椿・古閑）

メールの例

```
件名：インターンシップ事前訪問（○○○）
○○株式会社
　人事部長　○○○○様              ←宛名は所属，役職を忘れずに

突然のメールで失礼いたします（初めてメール
を差し上げます）。                 ←挨拶文：2度目
私，○大学経済学部3年の○○○と申します。    以降は「お世話
                                   になっております」など

このたび，貴社にインターンシップで2週間     ←主文
お世話になることになりました。○○職の業務
についてしっかり学びたいと思いますので，ど
うぞよろしくお願いいたします。

つきましては，研修に先立ち，貴社を訪問させ
ていただきたくご連絡しました。
○○様の来週のご都合はいかがでしょうか。

お忙しいこととは存じますが，何卒ご高配の程
よろしくお願いいたします。              ←末文
　　　20××年○月○日
＊＊＊＊＊＊＊＊＊＊＊＊＊＊＊＊
○○大学経済学部3年
　　○○                             ←署名：所属，住所，
TEL 000-000-0000                      電話番号，メール
✉ ×bcdef×@hij○×.ac.jp                アドレス等

331-00××
埼玉県さいたま市×区××町四丁目2-34-432
＊＊＊＊＊＊＊＊＊＊＊＊＊＊＊＊
```

34 ビジネス文書の取り扱い

　ビジネスに文書が利用されるのはなぜか。文書は情報を正確に伝達することができ，発信者受信者の双方が誤解の余地のない情報を共有できる。

　トラブルが起きた場合に対応できるように，文書を作成するさいには細心の注意を払う必要がある。文書は，証拠書類となるほか責任の所在を明らかにする役割を担っている。ビジネス文書を作成する場合，用件を間違いなく伝えるため「一件一枚」が原則である。社外文書は，企業の利益と密接な内容のものが少なくない。企業文化や人材の能力のありようは文書からも伝わる。言葉遣いや表記のしかたなどに留意したい。

(1) ビジネス文書の準備から発送まで

　ビジネス文書は，準備段階から発送するまでの一連の流れを経て完成する。会社もしくは部署の代表という意識を持って，文書を扱うことが重要である。

① 伝達内容を吟味し，送付先を選定する。文書の内容を整理する。作成の目的，伝えたい用件，送付先の特定（組織または個人），単数か複数かなどを確認する。

② 文書を作成する。5W3Hを押さえたうえで，一定のフォーマット（書式）にしたがって文書を作成する。　　　　　　　　　　　　　5W3H →p.97参照

③ 文書を校正し，作成文書のコピーをとる。作成文書を読み直し，記載内容に間違いがないか，言葉遣いや表現が的確かどうかなどを確認する。相手の氏名，金額や日付などの数字は，とくに念入りにチェックする。確認後，必ず控えのコピーをとること。

④ 上司の承認をとる。外部に発送や発信をするとき，企業等によっては上司の承認を義務づけている。

⑤ 発送する。普通郵便の封書は，受け取る側に急ぎではないと捉えられ，扱いが後回しになってしまう可能性がある。礼状など社交関係の文書や緊急を要しない文書は郵送や配送だけでよいが，期日が迫っているものや重要な書類などは，郵送・配送の後，電話やEメールで先方に状況を確認し，相手に確実に届くようにしたい。

(2) 文書の管理

　作成した文書の控えは，文書の種類，利用頻度，保管目的などを考慮して保管場所を決める。利用頻度の高いものは手近なところに保管し，機密文書は管理責任者を決めて保管する。最近では，データとして保存する場合もある。企業等のルールに従って保管すること。保管期間が過ぎた文書は，機密度によって廃棄方法を分ける。守秘義務がある。

（牛山）

35 ビジネス文書の書き方：社内外・社交

ビジネス文書には，社内向けと社外向けの2種類がある。社外向けは，社外文書と社交文書に分かれる。

(1) ビジネス文書の種類

① 社内文書

社内でやりとりする文書のこと。作成者もしくは作成者の所属部署の正式な意志とみなされる。主として情報伝達が目的となるため，挨拶や敬語は最小限にとどめ，用件を迅速かつ正確に伝えることを心がける。

［社内文書の種類］命令書，企画書，稟議書，出張報告書，休暇届，議事録など

② 社外文書

社外に向けて発信する文書のこと。会社を代表する文書となるため，礼儀正しく丁寧に書く必要がある。

［社外文書の種類］見積書，注文書，請求書，案内状など

［社交文書の種類］季節見舞，挨拶状，招待状，お礼状，見舞状，依頼状など

(2) ビジネス文書の書き方

ビジネス文書には一定のルールがある。基本を踏まえ用件を正しく伝える。

① 白のA4判用紙を使用し，印字は黒。書体は明朝体が基本。強調のために下線や太めのゴシック体を使用してもよいが，多用するとわかりにくくなる場合もあるので注意する。

② 横書きが基本。ただし，儀礼を重んじる社交文書は，縦書きにする慣習がある。

③ 結論から書く。社内文書は，結論，原因，経過，意見の順で構成する。

④ 日程や場所などは箇条書きにするなど，ポイントを整理し，見やすくする。日付は西暦または和暦（元号）を使用する。

⑤ 曖昧な表現（「おそらく」「思います」など）は避け，一文を短く簡潔にまとめる。

⑥ 文体を統一する。社内文書では常体（である，だ）や敬体（です，ます）を使用し，社外文書では敬体を使用するのが一般的。

⑦ 1枚の文書には原則としてひとつの用件のみにする。後で整理しやすくするため。

⑧ 作成後，必ず誤字，脱字，内容の確認を行う。重要文書は上司に確認を求める。

⑨ 敬称を使い分ける。複数の人に出すときは，「各位」を使用する。

⑩ 社外文書は，礼儀正しく形式に則って作成する。書式は，頭語と結語を用いるのが一般的である（「拝啓〜敬具」など）。「前略」で書き出す場合，挨拶の部分を省略するという意味があり，葉書や急ぎの文書などに使用する（「前略〜草々」など）。　　　　　　　　　（牛山・古閑）

敬称の種類

敬称	使い方	例
様／先生	個人の名前	○○様，○○先生
御中	会社名，団体名	○○株式会社御中 ○○大学△△課御中
殿	職名	○○部長殿
各位	多数（一人ひとりに対する敬意を含む）	○○委員会委員各位 株主各位

資料などで敬称を略す際は「敬称略」と書いて断る。

頭語と結語

	頭語	結語
通常	拝啓	敬具
丁重	謹啓	敬具，謹言，敬白
急ぎ	急啓	敬具，敬白，拝具
前文省略	前略	草々，早々，草草，不一
再発信	再啓	敬具
返信	拝復	敬具，敬白

社内文書の例（研修会開催通知）

```
                              総務発第○○号
                              20＊＊年＊＊月＊＊日
社員各位
              総務部　部長　○○　○○

        ○○研修会開催の件（通知）

○○に関する研修会を下記の通り開催します。欠席の
場合は，○月○日までに総務部＊＊までご連絡願いま
す。

                記

1. 日時　20＊＊年＊月＊日（月）午後1時〜3時
2. 場所　本社5階会議室
3. テーマ　＊＊＊＊
                              以上

              担当＊＊　（内線＊＊＊）
                        メール＊＊＊
```

社外文書の例（礼状）

```
                              総務発第○○号
                              20＊＊年＊＊月＊＊日
○○株式会社
工場長　△△　○○様
                    株式会社○○
                    営業部　○○　○○

           工場見学の御礼

拝啓　○○の候，貴社ますますご隆盛のこととお喜び
申し上げます。平素は格別のお引き立てを賜り，厚く
御礼申し上げます。
　さて，先日はご多用中，貴社○○工場の見学をさせ
ていただき，深く感謝申し上げます。

              ―中略―

　今後ともご指導，ご鞭撻を賜りますよう，よろしく
お願い申し上げます。まずは略儀ながら書中をもって
御礼申し上げます。
                              敬具
```

発信者および発信団体は，押印するもしくは押印を省略することがある。「公印省略」などの印がある。

返信用はがきの書き方　余白にメッセージや欠席の理由を簡単に書き添える。
「残念ですが，先約があり，欠席いたします」
「おめでとうございます。喜んで出席いたします」など

返信はがき　書き方の例

36　封筒やはがきの宛名書き

書は書き手の人柄を表す，といわれる。パソコンが普及し，封筒やはがきに直接宛名を印字することや，印刷したシールを貼ることが増え合理的になったが，礼状など気持ちを表わす文書には，味わいある手書きが求められる。

表書きは，バランスのとれた配置を意識して丁寧に書く。内容物が小切手や現金の場合は書留で送り，重要書類は「親展」と書いて送る。封入物や内容により送付方法や脇付けなどが変わるため，郵便の知識が必要である。

(1)　封筒の表書き

住所は，封筒の右端余白を1cm程度空けて書き出す。氏名は封筒の中央にくるように配置し，大きめに書く。役職は氏名より小さめに書く。このとき役職と氏名のバランスに注意する。氏名の始まりが下方になりすぎないようにする。会社名は氏名の右横に，履歴書在中，親展等の脇付けは左下に書く。

切手は，縦型封筒の場合，左上に上下をそろえて貼る。大封筒に82円切手（定型外120円）を貼って書類を送ったため，不足分を相手側に支払わせるという失礼な結果になった例もある。必ず重さを量り，料金を確認してから発送する。切手は貼る位置と向きに注意する。

(2)　封筒の裏書き

中央の継ぎ目の右側に住所，左側に氏名を書く。左側に住所，氏名を寄せてもよい。糊で封をし，封じ目に「〆」「封」「緘」などのいずれかを上書きする。祝賀のときは「寿」などと書いてもよい。日付は左上，郵便番号を忘れずに入れる。

（椿・古閑）

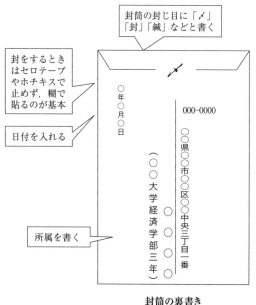

封筒の裏書き

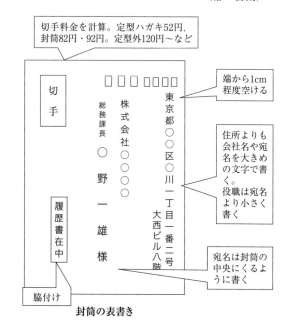

封筒の表書き

37 日報や報告書の書き方

1日の業務報告をする日報，セミナーなど勉強会参加後に提出する研修報告書，出張後には出張報告書，というように，職場では仕事を終えるとほとんどのことを文書にして残す。仕事をしたことの「証拠」を残すと同時に，報告した内容を次の仕事に活かすことが目的である。

(1) 日報の書き方

上司が部下の業務の状況を把握するため，今日1日どのような仕事をして，どのような成果があがったのかを記録する。

① 日報の基本構成

時　　間　仕事の開始時間，終了時間，ひとつの仕事の所要時間等

業務内容　本日行った業務（ミーティング，打ち合わせ，入力業務等）

活動成果　結果や進捗状況（式典の業務分担表を作成等）

② 記録と提出
- 退社前に書く
- その日のうちに提出する

③ 利　点
- 日報を見直し，自己点検することができる
- ミスの予防や課題発見ができる
- 上司は進捗状況を把握でき，的確なアドバイスができる

(2) 報告書の書き方

報告書は，原則として業務終了後，その日のうちに提出するか締め切りを厳守する。思うような成果があがらなかったとしても，事実やナマの情報を記録する。その場でしか聞くことができない話，現地での収穫等を書く。

① 報告書の基本情報
- 5W3Hを踏まえ，出張や外出の日時や期間，目的，出先，同行者などを記載する。

② 内　容
- 結論から書く。
- 箇条書きで書く。
- 事実，推測，意見を混同しない。
- 自分の意見は最後に書く。
- 記述が長い場合は，要約をつける。
- 誤字がないか，表現が適切かどうか確認する。　　　　　（椿）

38　事後の振り返り

　インターンシップ終了後，速やかに担当教員に直接，あるいはEメールや電話で報告する。そのさい，研修はどのようなものであったか，インターンシップ先の指導はどのようなものであったか，印象に残っていることは何かなど，具体的に報告する。

　研修後の提出物は大学等によっても違うが，日報，報告書，レポート等がある。また，礼状は必ず出すのが礼儀である。そのさい教員か職員にみてもらうようにする。失礼な例は枚挙にいとまがない。たとえば，「お世話になりました。山田によろしくお伝えください」と担当者の名前に"様"をつけずに呼び捨てで書いてきた学生がいる。

　また，サンプルとして示した文書の意味を理解せず，担当者（たとえば，田中○○氏）宛の礼状であるにもかかわらず，「田中○○様はじめ皆さまによろしくお伝えください」と書いてきた学生もいた。担当者自身に対して"担当者によろしく"というおかしな文書である。こうしたことに気づかないのは，手紙を書く機会が少ない昨今の学生を示すものであろう。

　礼状に限らず，作成した文書は必ず確認してもらうように習慣づけたい。

　インターンシップの報告会を実施する大学等は少なくない。インターンシップの振り返りを行い，今後の学修や学生生活にどのように活かせるのかフィードバックが重要である。

　　　　　　　終了後のチェックリスト（例）

1	日報は書きましたか
2	報告書は書きましたか
3	担当教員に日報を提出しましたか
4	担当教員の指示する課題はすべて提出しましたか
5	礼状の下書きはできましたか
6	礼状をチェックしてもらい，清書し，1週間以内に投函しましたか
7	報告会のプレゼンテーション資料等の準備はできましたか
	など

　事後アンケートの記入など，大学等によって終了後のチェックリストの内容は異なる。自分でもチェックリストを作成してみよう。　　　（椿・古閑）

39　情報化社会のネット・マナー

　仕事にパソコンは不可欠となってきた。職場に着き次第，自分のパソコンを起動させる風景は日常的といえる。仕事中は，社内外からきたEメールをチェックし，必要に応じて返信するほか，インターネットで情報収集を行いさまざまな資料を作成する。

　近年，クラウド・コンピューティングが進展していることから，今までは端末で処理していた業務をインターネット上のサーバーで処理する機会も増えている。このような環境においては，日常生活でルールやマナーを守るように，パソコンやインターネットを利用するさいも最低限のマナーを守る必要がある。とはいえ，難しく考える必要はなく，基本は，「自分がされたら困ることや嫌なことを人にしない」という意識を持つことである。

　注意すべきことがらは，以下のとおりである。

(1)　一般的な注意事項

　インターネット環境は，相互に接続関係にあることを常に意識する。インターネットを利用して情報の受発信を行うさいは，それによって生じるリスクや社会的責任および法的責任は自分で負うことになる。

　企業等には，新商品の開発や設計，個人情報など，外部に流出しては困る情報がたくさんある。インターネットの場合，あとから情報の流れを止めることは極めて困難であることから，掲示板やブログ，ソーシャルメディアなどに気軽に書き込んではならない。個人情報や機密情報は，厳重に管理する。

(2)　セキュリティ管理

　セキュリティとは，「安全を維持すること」である。コンピュータやインターネットを利用するさいは，侵入者や違法な行為から自分，そして自分の属する企業を守る意識が要求される。具体的には，① ユーザーIDとパスワードを他人に推測されないように設定する，② ウイルス対策などを行うこと，が必要である。

(3)　メール・SNSの利用

　企業においてEメールやGメールを利用する機会は極めて多い。メールは瞬時に目的のところに届くことを意識し，相手の立場に立ってわかりやすい文章を作成する。感情的になっていないかなど，送信前に書いた内容を確認する習慣をつける。また，メールを読むコンピュータの環境は人によって異なる。添付ファイルの種類の確認，機種依存文字や半角カナ文字を使わない等，基本的なルールを守ることを心がける。

　また，近年はSNSの普及が進んでいる。1つの発言が企業全体に影響を及ぼすこともあるため，慎重に利用するべきである。

（牛山）

クラウド・コンピューティング　インターネットなどのネットワークを通じて，ソフトウェアやデータを管理・利用すること。

ID　Identificationの略。ネットワーク上で利用者を識別するために用いられる符号。一般的に，IDとパスワードはセットで使用する。

ウイルス　インターネットやEメールをとおしてコンピュータに侵入してデータを破壊するような悪意のあるプログラムのこと。

SNS　Social Networking Service.

機種依存文字　パソコンの機種やOS（Windows/Macなど）に依存し，異なる環境で表示させた場合に，文字化けを引き起こす可能性がある文字群のこと。代表的なものに，囲み英数字（①②③），ローマ数字（ⅠⅡⅢ），省略文字（㈱㈹）がある。

40　人権環境

人権とは、「すべての人々が生命と自由を確保し、それぞれの幸福を追求する権利」「人間が人間らしく生きる権利で、生まれながらにして持つ権利」（平成21年版人権の擁護パンフレット）のことである。

企業は、営利組織であるが、社会を構成する一員でもある。近年、「関わりのある利害関係者に責任ある活動を取るべきである」（CSR: Corporate Social Responsibility）という考え方が浸透してきている。

また、グローバル化の進展により、国際社会との関わりも増加していることから、人権の国際的基準への配慮が求められており、それに対するさまざまな基準が作成されている。代表的なものは、1999年に国連のアナン事務総長（当時）が提唱した「グローバル・コンパクト」（Global Compact）である。世界中の民間企業が人権、労働基準、環境の3分野（のちに「腐敗防止」が加わり、4分野）で、9つの原則を守り、向上への努力が必要なことが示されている。

グローバル・コンパクトの10原則

人権　1.企業はその影響の及ぶ範囲内で国際的に宣言されている人権の擁護を支持し、尊重する。2.人権侵害に加担しない。

労働　3.組合結成の自由と団体交渉の権利を実効あるものにする。4.あらゆる形態の強制労働を排除する。5.児童労働を実効的に廃止する。6.雇用と職業に関する差別を撤廃する。

環境　7.環境問題の予防的なアプローチを支持する。8.環境に関して一層の責任を担うためのイニシアチブをとる。9.環境にやさしい技術の開発と普及を促進する。

腐敗防止　10.教養と賄賂を含むあらゆる形態の腐敗を防止するために取り組む。

なお、職場では次のような人権課題に配慮する必要がある。
①環境と安全性、②情報・プライバシー、③女性の人権、④子どもの人権、⑤高齢者の人権、⑥障害者の人権、⑦同和問題、⑧アイヌの人々の人権、⑨外国人の人権、⑩感染症と人権、⑪あらゆる人（犯罪被害者、性的マイノリティ、刑を終えて出所した人）の人権

（出所：人権教育啓発推進センター）

今日、企業で働く一人ひとりの人権意識が問われている。多様化した社会において、人権への配慮を常に心がけるようにしたい。　　　　（牛山）

CSR　企業は社会的存在として、最低限の法令遵守や利益貢献といった責任を果たすだけではなく、市民や地域、社会からの要請に応え、より高度な社会貢献や配慮、情報公開や対話を自主的に行うべきであるという考え方。近年、多くの企業で取り入れられている。

グローバル・コンパクト（参考ウェブサイト：http://www.ungcjn.org/aboutgc/glo_01.html）

アイヌ　北海道を中心とした地域に古くから住んでいる先住民族のこと。「アイヌ」という言葉は、アイヌ語で「人間」という意味。

感染症　エイズ・HIV（ヒト免疫不全ウイルス）感染症（HIVに感染しているが、エイズを発症していない状態）やハンセン病など。さまざまな感染症に対する正しい知識を身につけることが必要。

性的マイノリティ（sexual minority）先天的に身体上の性別が不明瞭な人、身体上の性別と心の性が異なる性同一性障害の人、性的な意識が同性や両性に向かう人など性的少数者を指す。

41　健康管理

　健康管理は一生の課題である。企業等に内定した者は，採用前に健康診断を受けることになっている。その結果いかんによっては，内定取り消しになることもある。学生時代から，健康管理への意識を高めたい所以である。

　従業員の健康管理は企業等の義務であり，国民の健康対策は国の重要課題となっている。若いから健康である，とはいえない。近年，職場で鬱症状を訴える人たちが急増している。離職や中途退職の理由の上位にあがるのが人間関係である。知力や体力のほか，心力を強化することは健康面で不可欠となる。「心身一如」というが，健康への意識は，体と心が一体であるもしくは不可分であると認識することからも生まれる。体が疲れると心までも弱り，精神的な打撃は体に影響をおよぼすことが知られる。このような経験は誰にもあるであろう。

　職場は，性別，年齢，生活歴，学習歴の異なる人びとの集合体である。人は誰でも何らかのストレスにさらされている。健康管理は，生き生きと仕事をするうえで欠かせない。日ごろから健康への関心を高め，栄養，睡眠，仕事，余暇のバランスに配慮したい。職場で何らかの症状を訴えたり発症したりするとしたら，以下のことがらが影響しているといえる。

① 　仕事が立て込んでくると，早々にパニックに陥る。
② 　栄養摂取が適切でなく，常にイライラしている。
③ 　私生活に問題を抱え，職場でそれを発散させる。
④ 　新しい仕事に適応できないもしくは適応しようとしない。
⑤ 　他人が気になり，自分の仕事が手につかない。
⑥ 　現在の仕事に満足しておらず，不満が鬱積している。
⑦ 　生活が不規則で，仕事に集中できない。
⑧ 　上司や同僚など，人間関係に不安や不満を抱いている。
⑨ 　ねらった仕事や資格が取れず，挫折や敗北感を抱いている。
⑩ 　実際に病気である。

　反対に，①職場に信頼し，相談できる人がいる，②会議等で何でも話せる雰囲気がある，③規則正しい生活を心がけている，④趣味を持つ，⑤ボランティアや地域活動等に取り組む，⑥気分転換がうまい，⑦心配事にとらわれない，⑧公私の区別ができる，⑨友達がいる，⑩明るく挨拶する，⑪仕事を楽しむ，等の態度の持ち主は健康的に過ごしている可能性が高い。

　健康保持には免疫力や回復力を高める工夫が必須である。身の回りで起きる諸問題から逃げない姿勢だけでなく，避けてとおる知恵も必要となる。

（古閑）

心力　心のはたらき。精神の活動力。

42 ストレス（心理的負荷）による精神障害の労災認定基準の策定

東京都労働相談情報センターのリーフレットには，下図のように紹介されている。

近年，仕事によるストレスが関係した精神障害の労災請求件数が大幅に増加しています。厚生労働省では，精神障害に係る労災について，より迅速な判断ができるよう，また，わかりやすい基準となるよう，平成23年12月に認定基準を新たに定めました。

(1) 精神障害の労災認定要件

①認定基準の対象となる精神障害を発病していること（ex. うつ病，急性ストレス反応等）

②認定基準の対象となる精神障害の発病前おおむね6か月の間に，業務による強い心理的負荷が認められること

③業務以外の心理的負荷や個体側要因（精神障害の既往歴，アルコール依存の状況等）により発病したとは認められないこと

(2) 認定基準のポイント

①分かりやすい心理的負荷評価表（ストレスの強度の評価表）を定めた。
（具体的出来事（「達成困難なノルマを課された」「嫌がらせ，いじめ，又は暴行を受けた」等）を列挙し，その平均的な心理的負荷の強度を3段階で表示。）

②強い心理的負荷となる時間外労働時間数等を明示した。
（発病直前の連続した2か月間に1月当たり約120時間以上，発病直前の連続した3か月間に1月当たり約100時間以上等）

③いじめやセクシュアルハラスメントのように出来事が繰り返されるものついては，発病の6か月よりも前にそれが始まり，発病まで継続していたときは，それが始まった時点からの心理的負荷を評価することにした。

④これまで全ての事案について必要としていた精神科医の合議による判定を，判断が難しい事案のみに限定した。

(3) 労災認定事例

　Aさんは，総合衣料販売店に営業職として勤務していたところ，異動して係長に昇格し，主に新規顧客の開拓などに従事することとなった。新部署の上司はAさんに対して連日のように叱責を繰り返し，その際には「辞めてしまえ」「死ね」といった発言や書類を投げつけるなどの行為を伴うことも度々あった。

　係長に昇格してから3か月後，抑うつ気分，睡眠障害などの症状が生じ，精神科医を受診したところ「うつ病」と診断された。

＜判断＞

①上司のAさんに対する言動には，人格や人間性を否定するようなものが含まれており，それが執拗に行われている状況も認められることから，心理的負荷評価表に基づく心理的負荷の総合評価は「強」と判断される。

②業務以外の心理的負荷，個体側要因はいずれも顕著なものはなかった。
　上記①②により，Aさんは労災認定された。

出所：東京都労働相談情報センター　作成リーフレットより

付　録

「仕事」日本語・英語にみる関連用語と意味	124
インターンシップ（企業研修）に関する覚書（例）	125
礼状の書き方	126
目標設定	127
最低限知っておくべき仕事に関するルールと倫理	128
ストローク自己チェック	130
EQチェック	131
企業訪問のマナー	133
演習　指示の受け方	134
演習　連絡のしかた	135
演習　報告のしかた	136
ストローク実習シート	137
誓約書（例）	138
日報（例）	139
報告書（例）	140

「仕事」日本語にみる関連用語と意味

意味は，広辞苑第六版による。

① 業務（事業・商売などに関して，日常継続して行う仕事），② 勤労（心身を労して勤めにはげむこと。一定の時間内に一定の労働に服すること），③ 雑用（種々雑多の用事・用途），④ 仕事（する事。しなくてはならない事），⑤ 産業（生活してゆくための仕事。なりわい），⑥ 使命（使いとして命ぜられた用向き。自分に課せられた任務。天職），⑦ 就職（職につくこと），⑧ 就業（職業・業務につくこと），⑨ 職（担当の務め・またその地位。生計のための仕事。いとなみ。身につけた技能），⑩ 職業（日常従事する業務。なりわい），⑪ 職務（仕事として担当する任務），⑫ 聖職（神聖な職務），⑬ 勤め・務め（つとめること。仕えて仕事をすること），⑭ 忠実（まごころを尽くしてよくつとめること。実際の通りに正確に行うこと），⑮ 天職（神聖な職務。その人の展性に最も合った職業），⑯ 任務（自分の責任として課せられたつとめ），⑰ 任用（役目を与えて働かせること），⑱ 働く（うごく。精神が活動する。精出して仕事をする），⑲ 奉仕（つつしんでつかえること。献身的に国家・社会のためにつくすこと），⑳ 骨折り（精を出してはたらくこと。尽力すること），㉑ 忠実（まめ。労苦をいとわずよく勤め働くこと。生活の役に立つこと），㉒ 労（ほねおり。つとめ。ねぎらうこと。経験を積むこと），㉓ 労役（身体を労して役務に服すること。また，その仕事），㉔ 労する（ほねおる。はたらく。苦労する），㉕ 労働（ほねおりはたらくこと。体力を使用してはたらくこと），㉖ 労務（ある給付を得る目的でする労働勤務。労働に関する事務）

「仕事」英語にみる関連用語と意味

意味は，小学館ランダムハウス英和大辞典第二版による。一部和英辞典からも引用した。

① activity：活躍，（ある目的のために反復される一定の）活動，② business：職業。商売。（自分の経営している）仕事，③ career：（特に専門的訓練を要し一生の仕事とされる）職業。一生の仕事。経歴，④ calling：天職。生業。商売。召命，⑤ chore：雑用。日課（掃除，洗濯，家畜の世話など）。（子供が親に言いつけられた）使い走りの仕事，⑥ drudgery：骨の折れる単調な仕事，⑦ duty：職務（内容）。任務。職責。（ある人に割り当てられた）仕事。法律に従って人が行うべきこと，または避けるべきこと，⑧ effort：（肉体的・精神的な）努力。骨折り。（目標達成のための）きつい仕事。ふつうあるはっきりした目標を達成するための努力，⑨ employment：雇用。勤め。仕事。（時間を取る）活動，定職業務，⑩ industry：産業。事業。商売。組織的労働。勤労，⑪ job：仕事。職。現場。position の口語体。（一時的に課された）仕事。自発的な仕事は含まない，⑫ labor：（利潤追求の）生産活動。労働。労働力。（出産の）苦しみ。肉体的な仕事，⑬ mission：委員団。（派遣された人の・軍事），⑭ occupation：仕事。職業。（一般に）従事している活動（仕事，趣味など）。（職権の）保有，⑮ office：職務。任務。役目，⑯ operation（s）：作業。仕事。活動，⑰ place：求職する側から見た勤め口としての職。家庭内での仕事に就いての雇用に用いる，⑱ position：どのような職についてもいうが，ふつうは手仕事より高度の職種。専門的な仕事，⑲ round：（反復する）日課。日常の仕事，⑳ routine：日常的雑事。日課。定例の仕事，㉑ share：（個人・グループの）分け前。（費用・仕事などの）負担・分担，㉒ situation：求職する側から見た勤め口としての職。実業界における仕事についても用いる，㉓ task：（一定期間内にやるべき）仕事。自発的に請け負った作業。困難な（つらい）仕事，㉔ vocation：（生計のための）職業。定職。（ある職業・活動に対する）天職意識，使命感。聖職，㉕ volunteer：（…の）志願者。有志。自発的無償行為者，㉖ work：仕事を表す一般的な語。労働，努力，働き。（遊びに対して）仕事。自発的にやる仕事も含む

（古閑博美作成）

インターンシップ（企業研修）に関する覚書（例）

　○○株式会社（以下「甲」という。）と○○大学（以下「乙」という。）とは，甲が乙の派遣する学生をインターンシップ（企業研修）による研修生として受け入れることに関して，次のとおり覚書を取り交わす。

第1条（目的）
　本覚書に基づいて行われる企業研修は，乙の学生に甲の業務を体験させることにより，乙の学生が在学中に自己の専門領域や将来のキャリア形成に対する理解を深めることを目的とする。

第2条（研修生の派遣および受け入れ）
　乙は，以下の学生を研修生として甲に派遣し，甲はこれを受け入れるものとする。
　　所属学部：○○学部
　　所属学科：○○学科
　　学　　年：　○　年
　　氏　　名：○○　△○

第3条（研修条件等）
　研修生の研修期間，研修場所等の研修条件の詳細については別紙のとおりとする。

第4条（研修状況の把握）
　乙は，必要があるときは，研修生の研修状況について甲に問い合わせることができるものとし，甲は，この問い合わせに対して速やかに乙に報告するものとする。

第5条（遵守事項）
　乙は，研修生に対し，以下の事項を順守するよう指導しなければならない。
（1）研修期間中は甲の就業規則を遵守するとともに，研修カリキュラム遂行にあたっては，甲の研修指導者の監督，指導，助言等に従うこと。
（2）研修期間中に知り得た甲の秘密事項を研修終了後も一切他に漏洩しないこと。

第6条（災害保険の加入）
　研修生は，派遣前に乙の指定する保険に加入するものとする。

第7条（労災事故等）
　研修期間中，研修生に労働災害等の事故が発生した場合，甲の故意・過失に基づくものでない限り，甲は責任を負わないものとする。

第8条（協議事項）
　本覚書に定めのない事項および本覚書に疑義が生じた事項については，甲乙協議の上，決定する。

　以上の合意の成立を証するため，本書2通を作成し，甲および乙がそれぞれ記名押印の上，各1通を保有する。
　　　年　　　月　　　日

　　　　　　　　　　　　　　　　　　　　甲　東京都○区○○一丁目2番3号
　　　　　　　　　　　　　　　　　　　　　　○○株式会社
　　　　　　　　　　　　　　　　　　　　　　代表取締役社長　○○　○○

　　　　　　　　　　　　　　　　　　　　乙　東京都○市○○一丁目2番3号
　　　　　　　　　　　　　　　　　　　　　　○○大学　学長　○△　○△

礼状の書き方

インターンシップ終了後1週間以内に研修先へ礼状を書こう。お礼はEメールや電話ではなく、直筆の礼状とする。こころがこもって感謝の気持ちが伝わる。礼状は形式を重んじて書く。

礼状の書き方の基本

① 礼状はインターンシップ終了後、日を置かずに書く。

② 時候の挨拶、感謝の言葉、結びの文章を省略することなく、基本的な形式にならって書く。

③ 目上の人に出す場合は縦書きにするのが正式である。ビジネス文書の書式にならう場合は横書きとする。

④ 白色の便箋、封筒に黒またはブルーブラックのペンを用いて楷書で丁寧に書く。

⑤ 直筆で書く。パソコンで作成する場合、相手と自分の名前は自筆で書く。

⑥ 会社名、法人名などは略さず必ず正式名称で書く。
　（株）→株式会社

> 例文をみせると、ほとんどの学生がそれにならって書くため、皆同じような文面になってしまう。時候の挨拶や、「さて」以降本題を展開するところでは自分なりの表現を心がけたい。感想・印象のところは、研修で特に勉強になった点、印象に残ったことなどを具体的に書くとよい。

礼状の例

拝啓　○○の候、貴社ますますご隆盛のこととお喜び申し上げます。
　さて、このたび、貴社でのインターンシップにおいては、ご多忙中にもかかわらず丁寧なご指導を賜り、誠にありがとうございました。厚くお礼申し上げます。
　お陰さまで、…《感想・印象に残ったことなど自分の言葉で》…
　今後ともよろしくご指導ご鞭撻くださいますようお願いいたします。
　まずは、書中をもってお礼申し上げます。
　　　　　　　　　　　　　　　　　敬具

○年○月○日
　　○○大学○○学部
　　　二年　○○　○○

○○商事株式会社
総務部長　○○　○○　様

（椿）

礼状の例

　　　　　　　　　　　　　　　　　年　月　日

○○株式会社
人事課課長　□□　△子　様

　　　　　　　　　　　　　△△大学○○学部
　　　　　　　　　　　　　3年　○○　□□

拝啓　時下ますますご清栄のこととお喜び申し上げます。
　さて、このたびは、貴社のインターンシップに参加させていただき、まことにありがとうございました。あっという間に過ぎた時間でした。貴重な体験の日々を今、ようやく落ち着いて振り返っております。お忙しいなか、□□様はじめ皆様にご指導いただきましたことに心から感謝申し上げます。
　担当の○○様には特にお手数をおかけすることになってしまいましたが、未熟な私をご親切にお教えいただきました。本当にありがとうございました。
　これからは学業に専念するとともに、貴社での経験を生かして自分の目標を達成できるよう、努力してまいります。今後ともご指導のほど、よろしくお願い申し上げます。
　末筆ながら、貴社のますますのご隆盛をお祈り申し上げます。
　　　　　　　　　　　　　　　　　　　　　　　敬具

（古関）

目標設定

インターンシップを体験するにあたり，自分の行動指針とすることを10項目考え，まとめてみましょう。

	行動指針
例	毎日，始業時間の30分前には出勤して仕事の準備をする。
1	
2	
3	
4	
5	
6	
7	
8	
9	
10	

最低限知っておくべき仕事に関するルールと倫理

それぞれ問題があれば×，問題がなければ○をAの枠に書きこんでください。また，×をつけた項目についてはその理由を考えてください。

A	問題	理由
	① 来客にお茶をこぼしてしまった。誠意をこめて詫び，迅速に対応した。来客も「だいじょうぶだよ」といってくれたので特に上司に報告しなかった。	
	② 5分くらいで戻れる用事で席をはずす。周りは皆，忙しそうなので何もいわず急いで出かけた。	
	③ 急ぎの仕事をリーダーに頼まれ，終了した。リーダーがいないので課長に報告して帰宅した。	
	④ 就業中に訪ねてきた友人と喫茶店に行くときは，上司の許可をとらなくてはならない。	
	⑤ むずかしい仕事をするようにいわれた。自分では手に余り，結局は責任がはたせず周囲に迷惑をかけると判断したので「できません」とただちに断った。	
	⑥ 大学の先輩より，仕事で使いたいので勤務先のアドレスブックを送ってくれないかと頼まれた。お世話になった人なのでコピーして送った。	
	⑦ 手紙を投函するというような単純な指示についても，終了したら報告すべきである。	
	⑧ ある仕事をしている途中，教えられたやり方に疑問を感じ，改善法を思いついた。そこで，ただちに新しいやり方を試してみた。	
	⑨ 入店した喫茶店で自分たち以外に客が一人もいなかった。そこでインターンシップ先で耳にした企画中のビジネスモデルについての問題点を議論した。	
	⑩ 個人のパスワードは秘密情報なので，他の人がパスワードを打っているときはのぞかないようにしている。	
	⑪ 来客中の上司に顧客から電話があった。「申し訳ございません。○○は，ただ今来客中です」といった。	
	⑫ 仕事中は携帯電話はマナーモードにしておくべきである。	
	⑬ 社内の無礼講のパーティでは，上下の垣根は取り払って誰とでも友だちのように親しくしてよい。	

A	問　　題	理　　由
⑭	来客に対応している人への連絡は，客に「失礼いたします」とことわってから，連絡内容を書いたメモをわたし，指示を受けるようにしている。	
⑮	重要な取引先から至急の電話。しかし本人は外出中。そこで機転を利かせ本人の外出先を教え，ただちに連絡が取れるように計らった。	
⑯	顧客に配布した景品があまった。記念として自分用に持ち帰った。	
⑰	相手が自分より年下の場合，男性は「〇〇君」，女性は「〇〇さん」と呼ぶべきである。	
⑱	会社で使用している最新のソフトを借りて自分用のパソコンにインストールしておくとよい。	
⑲	インターンシップ先では，自分より年下の人でも先輩として接し，その人から学ぶという態度で接する。	
⑳	他部署に行った折，担当へ渡すよう依頼され封筒に入った現金を渡された。そこで，その場で現金を数えた。	

ストローク自己チェック

1 つぎの各文を読み，自分にまったくそういうことがないときは0点，稀にあるときは1点，ときどきあるときは2点，いつもそうであるときは3点を入れてください。

A　プラスストロークを投げることに対してのブレーキ度

1	道や廊下で人を追い越す時，声をかけるのが当然と思うが，やりにくく感じる	
2	ほめ言葉は，お世辞をいっているようで口に出しにくい	
3	目上の人に感謝を述べるべきとき，ゴマすりのような気がする	
4	人に対してほほえんだりすることが苦手である	
5	手紙やはがきに対して返信をするのが億劫である	

B　プラスストロークを要求することに対してのブレーキ度

1	質問すれば解決できることも，自尊心がじゃまして できない	
2	不当な批判に対しても，反論や自己主張ができない	
3	自分の成功やうれしいことも自分からは人にいわない	
4	悩みを聞いてほしいときも，弱みを見せるようで相談できない	
5	淋しくても仲間に入れてほしいと自分からはいい出しにくい	

C　プラスストロークを受け取ることに対してのブレーキ度

1	人にほめられるとドギマギしてしまう	
2	視線や笑顔を投げられると，どうしてよいかわからなくなる	
3	感謝されても「当然のことをしただけ」とつい形式的に応じてしまう	
4	疲れているときも人からいたわられると，つい強がってしまう	
5	大事な人から愛情表現をされると照れくさく恥ずかしくなる	

2 ABCごとの合計点をもとに下記に棒グラフを書いてください。

	0点	5点	10点	15点
Aの合計点				
Bの合計点				
Cの合計点				

3 ABCとも点数が低いほどストロークの投げ方や受け取り方がうまいことになります。改めて自分について気がついたことや，これから心がけたいことを書いてみましょう。

EQチェック

つぎの50の設問に答えてください。あなたの「EQ：こころの知能指数」の傾向（現在）がわかります。(1)はモニター（監視）脳，(2)はコントロール（管理）脳，(3)はモティベート（意欲）脳，(4)はラポール（共感）脳，(5)はソーシャル（社会）脳を示します（「はい2点」「ときどき1点」「いいえ0点」）。

(1) 　1　自分の気持ちを冷静に見つめるようにしている。
　　　2　約束の時間に遅れそうなとき，あせりを感じる。
　　　3　怒る自分の様子を客観的にみる自分がいる。
　　　4　他者からの思わぬ批判に動揺しても，自分を見失わない自分がいる。
　　　5　怒りなど自分の感情が爆発しそうなとき，「人からどう思われるか」と考えて無理に押さえつけるばかりではない。
　　　6　他者から注意されたり怒鳴られているときも，自分を客観的にみることができる。
　　　7　自分の気持ちを大切にすることが大事だと思う。
　　　8　一時の感情に流されることは少ない。
　　　9　人から無視されると気分が悪くなる。
　　10　自分の気持ちを簡単に人にみせることは少ない。
(2) 　11　朝は，「今日一日いい日にしよう」と思って起きる。
　　12　就寝時には，今日一日を振り返り感謝して床に就く。
　　13　自分のことを「もう」「いまさら」と思わず，「これから」「まだまだ」と思う。
　　14　常に，笑顔を心掛けている。
　　15　気持ちが落ち込んでも，「自分だけではない」と思う。
　　16　他者から誹謗中傷(ひぼうちゅうしょう)や悪口をいわれて傷ついたとき，その気持ちを受け止め，前向きに考えることができる。
　　17　目標達成や自己実現のための苦労はいとわない。
　　18　他者から注意されても，自分のためだと思うことができる。
　　19　将来を案ずるより，今を大切にしたい。
　　20　仕事や生活には，気分転換が必要だ。
(3) 　21　失敗しても一つの経験と思うようにしている。
　　22　向上心をもって歩んでいきたい。
　　23　視野に，常に自己実現がある。
　　24　明確な目標とする夢がある。
　　25　なにごとも地道な努力が必要と思う。
　　26　自分の時間を精一杯生きている。
　　27　物事は，楽観的に考えるようにしている。
　　28　自分は成功すると言い聞かせて何事にも取り組んでいる。
　　29　物事がうまくいかないとき，自分だけをせめたりしない。
　　30　昨日よりも今日，今日よりも明日の自分の成長を目指している。
(4) 　31　相手の話を聞いて，笑ったり涙ぐんだりする。
　　32　自分の感情（喜怒哀楽）をいつも素直に表現している。
　　33　障害者や弱者に関心をもっており，積極的に接する。
　　34　コミュニケーションの方法として，言語表現と非言語表現の両方に注目している。
　　35　話相手をみていると，感情やこころの動きが大体わかる。

36 電話や文章などから，会ったことのない相手のイメージを思い浮かべることができる。
37 想像力が豊かで，物語の主人公になったりする。
38 路上の花にも心が動かされることがある。
39 街を歩いていて，人物観察をする。
40 他者からの申し出を断るさい，相手の気持ちを慮(おもんぱか)る。

(5) 41 人の名前や特徴を覚えようと心掛けている。
42 挨拶は，気持ちよく自分からするようにしている。
43 いいにくいことでも，相手の立場に立って伝えようとする。
44 新しい環境に身を置く場合，周囲をよく観察してから行動を起こすようにしている。
45 会合のときなど，人の話をまとめたり，運営能力があると思う。
46 友だちが多い。
47 人から相談されたり頼りにされることが多い。
48 問題解決のための努力を惜しまない。
49 人間関係の調整能力が高いと思う。
50 見知らぬ人でも自分から話しかけられる。

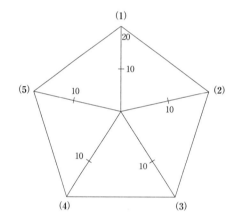

企業訪問のマナー

空欄の（　　）や「　　」のなかに，当てはまると思われる語句や文を入れなさい。

(1) 訪問前の準備
- 事前にアポイントメントを取るのが原則
- 電話で（1.　　　）（2.　　　）（3.　　　）等を伝え，面談のアポイントメントをとる。
- 訪問日時は相手の都合を優先して決める。
- 面談に必要な持参品（学生証，メモ，筆記用具等）および相手企業に関する必要な情報をそろえる。
- 先方の場所，交通の便，所要時間などを調べておく。
- 万一の場合に備え先方の電話番号，面談相手の所属部署，名前をメモしておく。

(2) 受付の場面
- 約束の時間の（1.　　　）分までに受付到着励行。
- コートなどは受付に行く前に脱いでおく。
- 受付で挨拶をして，
  「2.　　　　　　　　　　　　　　　　　」
  と述べ，取り次ぎを依頼する。

(3) 案内を受ける場面
- 「それではご案内します」といわれたら「1.　　　　　　　　」
  と元気よく礼を述べ，案内に従う。
- 部屋に入るときは「2.　　　　　　　　　　　」と一礼して入室する。
- 「座ってお待ちください」といわれたら席を示されない限り，下座に座って待つ。
- 座るときも「3.　　　　　　　　　　」と一言述べる。
- カバンを置く場合はテーブルには置かず，自分の身近に置く。

(4) 面談の場面
- 相手が入室したらあらためてさっと立ち上がり，いすの横に出て先手で
  「1.　　　　　　　　　　　　　　　」と挨拶する。
- 名刺を出されたら「頂戴いたします」といい（2.　　　）で受け取り，（3.　　　）の高さで丁寧に受ける。
- 受け取った名刺はその場で名刺入れにしまうか，面談が終わるまでテーブルの上座側に置く。
- 「どうぞおかけください」といわれたら「4.　　　　　　」といい，座る。
- お茶が運ばれたら「ありがとうございます」と礼をいう。
- お茶は相手の方に「どうぞ」といわれてから，または相手が口をつけてからいただく。
- 面談中さけるべき話題は（5.　　　）（6.　　　）（7.　　　）などである。
- 節度をもって敬語で話す。
- 面談中は，相手の話をよく聞き，重要なことは（8.　　　）をとる。

(5) 辞去の場面
- 相手の貴重な時間をさいていただいたことを考え，きちんと
  「1.　　　　　　　　　　　　　　」と挨拶し，辞去する。
- エレベータや玄関まで送っていただいたら，そこでもう一度丁寧にお辞儀をして挨拶をする。
- コート類は玄関を出るまでは着ない。
- 訪問後，お礼の電話，手紙など状況に応じて出す。

演習　指示の受け方

　つぎは望ましくない指示の受け方（下線の部分）です。よくない点を考え，望ましい指示の受け方に直してください。

　部長より「来週の水曜日，課長と大阪に出張するので，東京駅を9時ころ発つ新幹線の切符を買ってきてください」と指示された。そこで
<u>「水曜日，東京駅を9時に出る新幹線の切符ですね。わかりました」</u>といって席に戻った。

1　よくない点

2　望ましい指示の受け方

演習 連絡のしかた

つぎは電話で伝言を頼んだときの言い方です。伝え方についてよくない点をあげ，望ましい言い方に直してください。

営業一課のあなたが山田課長からの依頼を受け，企画課に電話をして田中課長（離席中）への伝言をする場面。
「では，田中課長に伝言をお願いします。実は先ほど私どもの山田課長が階段から落ちてけがをしまして病院に行かなくてはならなくなりました。それで本日3時からのＡＢＣ社との打ち合わせに出られなくなりました。代わりに田中課長に出席していただきたいと山田課長がいっております。田中課長が戻り次第，出席可能かどうか至急営業一課に連絡をいただきたいと伝えてください。打ち合わせは一階の第二会議室だそうです。連絡を待ってますので，よろしくお願いします。」

1　よくない点

2　望ましい伝え方

演習 報告のしかた

つぎの報告のしかたを読み，よくない点をあげてください。また，望ましい報告に直してください。

　来週15日に行われる課長会議の出席人数の最終確認を指示されたさいの報告です。
「来週の会議の件，先ほど電話で各課の課長に確認しましたが，第二課長のみ外出で連絡ができなかったので同じ課の山田さんに連絡を頼んでおきました。第二課長には，昼頃また電話してみます。それと，第三課長はＡＢＣ社との打ち合わせがあり出席できないとのことです。他の課長は出席とのことですから今のところ，欠席は1名のみで，6名出席です。」

```
1   よくない点




















2   望ましい報告
```

ストローク実習シート

1 それぞれ該当すると思われる言動（行動・言葉・表情・態度・声のトーンなど）を書き出してください。

プラスストローク	マイナスストローク	ゼロストローク
例：目線を合わせほほえむ	例：鋭くにらみつける	例：話しかけられても知らんふりをする

2 他人と良好な人間関係や信頼を築くためには，プラスストロークを送る必要があります。職場で接する人を想定し，どのようなプラスストロークを送るといいか，できるかぎり具体的に書き出してください。

対象の人	プラスストローク
例： ・○○課長	例： ・朝，自分からいつも明るく挨拶をする ・仕事が早く，緻密であることをほめる ・質問に対して，いつも丁寧に答えてくれることにあらためて感謝を伝える

誓約書(例)

　インターンシップ参加の前に,大学と学生との間で,さらには企業と学生との間で誓約書を交わす場合が多い。たとえ短期間とはいえ,企業に行きさまざまな情報に触れることから,研修前に企業に損害を与えないよう誓約をするのである。保証人の署名と押印を求める大学もある。

大学と学生との誓約書サンプル

誓　約　書

　　　　　　　　　　　　　　　　　　　　　　　○年○月○日
○○大学
　学長　○○○○様

　　　　　　　　　　　　　　　　　　_____学科
　　　　　　　　　　　　　　　　　　学籍番号_____

　　　　　　　　　　　　　　　　　　氏　名_____㊞
　　　　　　　　　　　　　　　　　　保証人_____㊞

　私は,インターンシップに参加するにあたり,下記事項を遵守することを誓約します。

記

1．私は,実習期間中,派遣先の諸規則を遵守し,実習責任者および担当者の指示・監督に従います。
2．私は,実習期間中はもとより実習期間終了後においても,実習期間中知り得た○○等,一切の情報について,そのインターンシップ研修の目的以外のために使用しません。
3．私が,実習期間中,上記各条項に違反する行為をした場合,および以下に該当する行為を行った場合には,私は,インターンシップの研修を直ちに中止されても異存ありません。
(1)　正当な理由なく無断で休む,または遅刻・早退した場合
(2)　研修先および大学の名誉・信用を著しく毀損する行為を行った場合
(3)　研修先の業務遂行に重大な支障を生ずる行為を行った場合
(4)　インターンシップ研修の趣旨に反する行為を行った場合
4．私が本誓約書の各条項に違反したことにより研修先が損害を被った場合には,私は,その一切の責任を負います。

以上

日報（例）

実習日：　　　年　月　日
インターシップ生：　　　　㊞

実習項目（業務内容・手順等）	業務における留意点

特記事項（反省・感想・気づいた点等）

評価欄

担当（指導者）　　㊞

インターシップ生は「実習生」「研修生」などと呼ぶことがある。

報告書（例）

年　月　日

インターンシップ論
　　　　○○　□□　先生

○○学部△△学科　年（クラス）
学籍番号　□□　△子

報　　告
──○○社のインターンシップに参加して──

標題の件につきまして，下記の通りご報告いたします。

記

1．実習期間：　　年　月　日（月）〜　　年　月　日（金）
2．場所：郵便番号，住所，電話，会社名（部署・担当者名，Eメール・アドレスなどを記す）
3．実習自己評価：
　　① 勤務態度
　　② 専門知識
　　③ 技能
　　④ 特記事項（今後の留意点等）
4．その他

以　上

編・執筆者

＊古 閑 博 美（嘉悦大学ビジネス創造学部教授，二松學舍大學非常勤講師）
中 村 真 典（大阪観光大学観光学部教授）
手 嶋 慎 介（愛知東邦大学経営学部准教授）
牛 山 佳菜代（目白大学社会学部准教授）
Morgan Chaudeler（Petit Bateau Japan 米国公認会計士）
須 藤 　 功（嘉悦大学カウンセラー，臨床心理士）
椿 　 明 美（札幌国際大学短期大学部教授）
関 　 由佳利（高松短期大学教授）

(＊は編者)

インターンシップ〈第二版〉
―キャリア形成に資する就業体験―

2011年4月20日　第一版第一刷発行　　◎検印省略
2015年3月30日　第二版第一刷発行

編著者　古 閑 博 美

発行所　株式会社　学 文 社　　郵便番号　　153-0064
　　　　　　　　　　　　　　　東京都目黒区下目黒3-6-1
発行者　田 中 千津子　　　　　電　話　03(3715)1501(代)
　　　　　　　　　　　　　　　振替口座　00130-9-98842

Koga Hiromi © 2015
乱丁・落丁の場合は本社でお取替します。　印刷所　シナノ印刷㈱
定価は売上カード，カバーに表示。

ISBN978-4-7620-2529-7